中国监察史略

中国史略丛刊

徐式圭 [著]

中国书籍出版社
China Book Press

图书在版编目（CIP）数据

中国监察史略 / 徐式圭著. -- 北京 : 中国书籍出版社, 2020.4
（中国史略丛刊.第一辑）
ISBN 978-7-5068-7631-5

Ⅰ. ①中… Ⅱ. ①徐… Ⅲ. ①监察—政治制度史—中国—古代
Ⅳ. ①D691.49

中国版本图书馆CIP数据核字(2019)第287794号

中国监察史略

徐式圭　著

责任编辑　王　淼
责任印制　孙马飞　马　芝
封面设计　东方美迪
出版发行　中国书籍出版社
地　　址　北京市丰台区三路居路 97 号（邮编：100073）
电　　话　（010）52257143（总编室）　（010）52257140（发行部）
电子邮箱　eo@chinabp.com.cn
经　　销　全国新华书店
印　　刷　三河市华东印刷有限公司
开　　本　880毫米 × 1230毫米　1/32
字　　数　110千字
印　　张　5
版　　次　2020 年 4 月第 1 版　　2020 年 4 月第 1 次印刷
书　　号　ISBN 978-7-5068-7631-5
定　　价　45.00元

目　　录

第十二章　辽金监察的仿制／83

第十三章　元代监察的异制／93

第十四章　都察院的监察时代——明清／103

第十五章　共和政治的监察／123

【第一章】

未有监察以前的官吏状态

吾国古代所标榜的是贤人政治，所推行的是政教合一。政治上的威权者，同时即是社会上的导师。一切伦理道德，都凭着他们的意向做标准。必能“作师”才能“作君”，也必能“作师”才能“作吏”。《通典》说：

> 伏羲氏以龙纪，故为龙师名官；共工氏为水师水名；神农氏为火师火名；少皞氏为鸟师鸟名；黄帝则云师云名。

这虽是个传说，但当时官师的一体已够证明了。《易经》《诗经》时代，做模范人格的“君子”“大人”，他方面即是拥有政权的称号。他们的吐辞可以为经，举足可以为法，周旋可以中规，折旋可以中矩。简直说：他们已是“治”“教”的极轨了，更有甚么违法失度的可能？所以当时的君主可以完全不负法律上的责任，刑也可以不上大夫。即使万一有了脱离常轨的不幸，民众救济的方法，就只有痛痛快快地举行斥逐或革命。那些和平纠正的手段，在他们眼里好像是不必需的。《周礼》八法虽有“官法以正邦治”的记载，但根本上这部书已被人公认做汉儒的赝鼎，所以在这里也无烦多说了。

我国官制，大概周秦以前员数较少，而且多半是用来管事不是管官。周秦以后，情形恰恰不同。冗员之多，他的弊病比现在的冗兵还要厉害。所以汉建武唐贞观都曾经过极度的减政。可是后世事情一复杂了，官员就不得不多；官数一多了，里头就不免走出漏洞。违法越纪植党营私这些乱子，倘非预先设法，当然要闹得更凶起来。这便是周秦以后，监察制度会自然诞生的一个因子。

【第二章】

监察名称的沿革

我国监察机关，第一次和古人见面的便是秦的御史——御训统治史；《说文》记事也。合说起来，只是总管文书的官吏罢了，和监察的实际还没有多大关系。汉兴以后，把这个机关叫做御史府，或者御史寺，也有叫做宪台的——他同尚书的“中台”、谒者的“外台”统叫“三台”，在官位上很是体面。东汉因此就把御史叫做御史台，又叫兰台寺。这是甚么呢？原来“兰台”是汉朝藏储秘书的坊所，后汉御史的官署刚好也设在那里，因是人以地称也叫兰台。刘宋时候，称尚书为北省，御史为南台，梁和后魏的时候，又把御史叫做北台，和中书门下叫做南省的对举，这当然是台省位置的关系。但有时也叫南台，或许受了南朝的影响吧？北周改名司宪。隋唐仍叫御史台，或者简称宪台。伪周武后特别把他改做肃政台，但没有多久又复原名了。自此一直相沿数百年，至宋至元还没更改。同时辽金也有御史台的名目。明朝把他叫做都察院，这是根据宋的御史三院——台院、殿院、察院来的。清尚沿用明名。民国袁世凯时候，有个官署叫肃政厅，恰巧仿用伪周的名称，他的命运也不会比他长久。国民革命肇兴，南北统一，便在民国十七年，遵据孙总理遗训，创立监察院于南京，试行五权政治，树古今未有的宏模。因此监察制度，也就跟着民国长垂不朽了。

【第三章】

监察的雏形时代——秦

秦始皇统一六国，罢侯置郡以后，疆土广大，中央的权力对于郡县，渐觉有些鞭长莫及，便令各郡立下“守”“监”“尉”三官，又令御史出监诸郡，名叫“监御史”，这就是以后“部刺史”的渊源。那在京辅弼丞相的，单名御史，也名御史大夫。《通鉴》：“始皇元年既并天下，令丞相王绾、御史冯劫议定帝号。”可见御史原来是秦的旧官，但他的职权满不在乎监察。

此外有个柱下史或名柱后史的，是御史底下掌图籍的属官。汉张仓原先在秦就曾任过这职。《汉志》只说他“明习天下图书史籍”，可见他也不是专掌纠劾的了。——为甚么要叫柱下呢？有的说：他所戴的法冠以铁为柱，象征他的“审固不挠”，因是名柱下。但查法冠的来源，《通典》注引《秦事》说：“始皇灭楚，以其君冠赐御史。亦名獬豸冠。——豸，兽名，一角，触不直者，故执法者冠之。”这样说来，以铁为柱，便是做那帽角上的骨子。——可是发明这帽式的楚君，根本就不是法官，怎的也要取法獬豸呢？有的说：柱下史的朝班站在殿柱的下面，所以有这个称呼，这倒有些理由，战国的楚，不是有个最高官“上柱国”么？他位极人臣，班次最高，站立在柱前，叫上柱国。史是丞相的辅弼，班次消低，站在柱后，当然只是柱下史了。

说起“御史”两字的来历，也不始于秦。周末老聃曾为柱下史，这便是御史的属官。战国时，秦赵好会渑池，他们各的纪录就叫“御史”。滑稽大王淳于髡对齐威王酒问，也说“执法在旁，御史在后”。这都是秦前已有御史的明证。不过他的执掌，都不监察罢。汉叔孙通起朝仪，“以御史执法举不如仪者去之”，这才是监察的真起源。《周官》：“御史掌邦国都鄙及万民之法令以赞冢宰。”魏壮渠注云：“格王正厥事，冢宰之任也；绳愆纠谬，格其非心，御史以之。”很像是个监察的御史了。但《周官》既是汉儒托古的作品，那些述说，当然是受秦汉官制的影响而来，不能把他算做御史的最初记载。

【第四章】

监察成长的初期——汉

第一节　大夫制和中丞制的概说

汉自定官制起朝仪之后，监察制度已渐形成。但有大夫制和中丞制的差别："大夫制"是由位列三公的御史大夫兼负监察全责；"中丞制"便是由御史大夫的副贰中丞主持府务，大夫的设与不设，反不成为问题。大概在前汉时候，大夫制很是盛行；后汉以后便走入中丞制了。我们为要明了他的内容，先把大夫和中丞的概念，根据史实，述说于次。

御史大夫在汉初时代，虽是侍御史的首领；但他于负责监察以外，还要赞襄丞相办理政务。位上卿，印银质，绶青色，秩二千石。定例由各郡守相的高第选任。选任御史大夫以后，倘有政绩便可即真相位。统计《前汉志·百官表》四十九个丞相里头，由御史升任的就有二十三个。他的权位的高要，前程的远大，可想而知了。

御史的属员，职位最大的是正丞和副丞，秩各千石。正丞名叫御史中丞，简称中丞；为他常住殿中主持法纪，又叫"中执法"。他既可外督各部刺史内领侍御史，又可以接收公卿奏事举劾案章，就是廷尉办的狱词也要送给他过目。用现制来比，御史大夫是部长，是政务官；中丞便是次长，是事务官；那个副丞或者单叫"丞"的，只是个秘书罢了，而且设与不设还没一定。

中丞的出身途径有二：

1. 退职二千石；

2. 高第侍御史。

第一款 御史大夫的列入三公和大夫制的递嬗

西汉中初两叶，完全由御史大夫主持监察，丝毫没有更动。成帝时候把御史大夫改称大司空，和丞相（哀帝元寿二年改称大司徒）、大司马比并，叫做“三公”，别置长史一官做他的副贰。御史府方面专由中丞负责。这是大夫制移入中丞制的一个转枢。但这时的中丞名义上还是大夫的僚属。到了哀帝建平二年，听了朱博的话，废除了大司空，仍称御史大夫，虽然依旧尊他做“百僚师导”，究竟比不上三公时候的尊荣。元寿二年又更前制，改御史大夫为司空。这个是和成帝一样。但他把中丞改称长史，不再另设负责监察的长官，又似乎是大夫制的歧形复活。

第二款 中丞制的完成和中丞的独坐

光武中兴，罢长史，设中丞，升他做御史的首席，由是中丞制便告完成。据《后汉书》所载，中丞的职权是：

执宪中司，朝会独坐，内掌兰台，外督诸州刺史，纠察百僚。

把前汉御史大夫的责任，完全移到中丞手上，不算，还添上一个“独坐”的荣宠。原来汉制，在朝会时候可以专席独坐的，只有尚书令和司隶校尉，现在中丞也够享受这个殊典了，因此当时便有“三独坐”的名目。

那时的御史大夫呢？据《百官表》所列，前汉哀帝以后早就没有了。虽然史里有说：“更始至长安以隗嚣为御史大夫”；“光武东巡泰山以张纯视御史大夫”。其实只是虚应故事的备员，礼成即撤，哪里谈得到监察问题？献帝建安六年，虽曾罢三公，设御史大夫，但也别置长史以为副贰，大夫自大夫，中丞自中丞，各干各的，不相领属，全不是御史大夫负责监察时候的局面了。

第三款　台臣各论

第一目　侍御史

侍御史是御史府内的普通职员，即给事殿中归中丞直领的。所以有的也叫“殿中御史”。汉时秩六百石，额十五人。

他的品级，和丞相的掾史相当；他的办事处，是在石渠门外；他的工作分配，计有五曹：

（一）令曹　掌律令

（二）印曹　掌刻印

（三）供曹　掌斋祀

（四）尉曹　掌厩马

（五）乘曹　掌车驾

他的职权，可以察非法，可以受公卿，可以举劾违失。在大朝会、大封拜、大郊祀时候，还得由他派遣二人监视仪容。

他的出身，是：（1）公府掾属的高第；（2）退职的牧守议郎郎中，但都以品德为重。顺帝以后便专用“宰士”了；同时若是侍御有三缺，便在三府里头各选一人。[①]

他的铨叙，“初上称守”，“满岁拜真”。在选授外任时候，高第的补授刺史，二千石，稍次补授县令。

第二目　治书侍御史

汉初只有普通侍御史，没有“治书”两字的名目。宣帝元凤时候，打算了结各种疑案，便在每年秋季以后，划定时间，斋居宣室，决断大狱，并选择明律的侍御史二人挟持书籍在旁帮助；因是特别叫做持书御史，或叫治书御史，本来不是常设的。到了后汉沿袭故事，才有专员。定额二人，戴法冠携印绶，遇见御史中丞只要持版长揖，以示优异。

他的职任据《后汉书·百官志》所载：

凡天下诸谳事，掌以法律，当其是非。

---

①“春秋之义，上公为宰。”三府即是三公府的简称；三府的人士又名宰士。

所以他们定要精明法律的高第御史，才可充任。但至后汉桓帝以后，一味因循，不加整饬，虽是清要的官员，也变成“无所平理，苟充其位”了。

第三目　绣衣直指御史

绣衣是穿着锦绣袍服，表示尊荣；直指是指定一事叫他去干——换句话说，便是临时的特派员。开始在前汉文帝的时候。那时为着要“出讨奸猾，理大狱”，方差遣的。但经过这次开例以后，便有常设的专员。至后汉光武时候撤除，至顺帝时候又复设置。

第四目　御史员额

前汉御史员额，共有四十五个。两个“尚玺”的，叫“符玺御史”；两个“持书”的，便是前说的“治书御史”；又有两个“给事”；两个“侍中丞”；两个“领录”；又有二十个人在府里掌百官事务：这些叫“侍御史”。合并前面所说由中丞直领十五人，便整整四十五员了。此外还有一个“主簿”——这是张忠做御史大夫以后才有的。后汉光武大举裁员，御史府里只剩下持书三人，侍御史一十五人。

第四款　事例总说

秦汉御史大夫本是以辅弼丞相为主职，所以他要和丞相共同讨论朝政。若是政治纷乱，他要和丞相共同负责。所谓弹官吏的责任，反是中丞所专司。哀帝元寿时候，御史大夫彭宣，犯了摧辱丞相案子，哀帝把他交给中丞论罪。这便可知中丞和御史大夫，在行使职权的时候，委实不像是个僚属关系。现在把御史大夫和侍御史所办事例，列举在下面：

（甲）御史大夫 他在监察以外，所管的是：

1. **副贰丞相**　这是《汉书·百官志》所明定的。

2. **选举人才**　元帝元初元年，诏丞相御史举天下明阴阳灾异者各三人；永光元年诏丞相御史举质朴敦厚逊让有行者：这些都是。

3. **方面专征**　武帝征和三年，御史大夫商丘臣将二万人出西河伐匈奴；宣帝本始二年，以御史大夫田广明为祁连将军，讨匈奴；顺帝时，御史中丞冯赦讨九江贼，督扬徐二州军事：这些都是。

（乙）侍御史除前说“受公卿奏事举劾案章”以外，还有下列各种事例：

1. **稽核财政**　宣帝黄龙元年，诏御史察计簿疑非实者案之。这是一例。

2. **纠察仪容**　该见上面详。

3. **视察郡国**　这虽是监御史的专职，但也用及御史以外的人员。

（1）太常博士　武帝元狩二年遣博士十六人分循行天下，察奸猾为害、野荒治苛者。这是一例。

（2）丞相掾属　宣帝五凤五年遣丞相御史掾二十四人循行天下，举觉冤狱、擅为苛禁深刻不改者。这又是一例。

4. 捕治盗贼　这个大概都是绣衣直指的职务。汉武帝天汉二年，遣直指暴胜之衣绣枚斧，分部捕逐；太始三年，江充拜直指绣衣使，督三郡盗县，禁察逾侈，都是。王贺做绣衣御史，逐捕群盗纵而不诛，那是例外了。

5. 案举风俗　汉平帝以谯玄为绣衣侍御史，持节分行天下，观览风俗，所至专行诛赏；后汉安帝遣八使按行风俗。侍御史张纲埋轮不行，归劾梁冀兄弟，都是。

6. 督运军粮　这个汉曾设有专官。《汉官仪》："侍御史出督州郡盗贼运漕军粮言运漕侍御史"是也。

第二节　监御史部刺史和州牧的转变

汉时州郡监察有监御史、部刺史和州牧各种的变迁。监御史设在国初，除监察以外，丝毫不兼他务；部刺史于六条察郡外，他的末流常兼与政治。州牧那简直是州郡长官，不过也可稽查属吏罢了。现在把他分述于下：

（一）监御史

监御外察州郡，内隶中丞，本是秦官，在当时也名监察史。汉高祖代秦，未遑设置，惠帝时候，派遣御史监察京兆、冯翊、扶风三辅，这才是汉代监御史的起源。自是以后，便设专员，并且把他列为选举科目之一。武帝举郡国孝廉，他的第三科目，便是：

明习法令足以决疑，能案章覆问文中御史。

这可见当时的重视了。

（二）部刺史

武帝元封五年，既经攘却胡越，开地拓境，便置交趾及幽、冀等州凡十三部（据《通鉴》），各置刺史，以秋分行部察州，革除监御史的名目改成部刺史。“刺之为言犹参觇也”，顾名思义，和监御原没多大分别。他的察州条诏，共有六个范围：

1. 强宗豪右，田宅逾制，以强凌弱，以众暴寡。

2. 二千石不奉诏书，遵承典制，背公向私，旁诏守利，侵渔百姓，聚敛为奸。（“旁诏守利”，《日知录》作“旁诏牟利”，前后汉书均同原文。）

3. 二千石不恤疑狱，风历杀人，怒则任刑，喜则任赏，烦扰刻暴，剥削黎元，为百姓所疾。山崩石裂，妖祥讹言。

4. 二千石选署不平，苟阿所爱，蔽贤宠玩。

5. 二千石子弟怙恃荣宠，请托所监。

6. 二千石违公下比，阿附强豪，通行货赂，割损正令。

部刺史依据这六条，周行郡国，察省治状，黜陟能否，断治冤狱。六条以外虽有重大事情，也无权过问。所以朱博做冀州刺史，布告乡民不能受理告诉县丞、尉的状子；鲍宣做豫州牧，却因为察举超过六条，被人弹劾；薛宣上疏，也认定“政教繁苛”，是刺史“不遵诏条，任意举错”的结果。其实未免太过拘牵，把刺史约束得在六条以外虽有重大事故，要说也不敢说，岂不冤枉？

（三）州牧

前汉成帝绥和元年，丞相翟方进、御史何武，他们以为：用爵秩六百石的刺史，监临二千石的州郡，那是“以卑临尊”，未免不配。因此，把刺史换做州牧，进秩二千石；并规定他的官署，为：

别驾从事史一人——从刺史行部

治中从事史一人——主才谷部书

兵曹从事史一人——主兵事

部从事史每郡一人——主察非法

主簿一人——录閤下众事省署文书

门旁长一人——主州正门

功曹书佐一人——主选用

孝经师一人——主试经

月令师一人——主时节祭祀

律令师一人——主平律

簿曹书佐一人——主簿书

典郡书佐每郡一人——主一郡文书

第三节　刺史的复活和州牧的确定

州牧的初制，原和部刺史不大分别；所以还有随时移调的可能。等到州制确定，牧守成为地方的常任长官，他的察吏的职务已不及于牧民，要想稽校吏治，便不得不另找途径，这个等到后面再说。现在先把成帝以后刺史州牧的一起一落，分说如次：

第一次恢复刺史制的便是哀帝。他在建平二年，依了丞相朱博的主张，废州置牧，策励外臣。他的理由，不外乎：

部刺史秩卑而赏厚，咸劝功乐进。州牧秩真二千石，位次九卿，九卿缺以高第补。其中材则苟自守而已，恐功效陵夷，奸轨不胜。

——这是朱博疏里说的

刺史监纠非法，不过六条,传车周流,匪有定镇。秩才数百，威望轻寡，得有举察之勤，未生陵犯之衅。

——这是梁刘昭追论的

可是哀帝“信道不笃”，到了元寿二年又更换了。王莽得国，仿用《周官》，便把这些州牧刺史的名目一起根本除掉。

第二次恢复刺史制的，要算到光武了。建武初头，还是采用州牧制度。至十七年才依祖宗旧制，分天下为十三州，设刺史十二，各领一州。近京一州另由司隶校尉兼理。刺史之下，有（一）从事、（二）史、（三）假、（四）佐等官分理庶务。①

末了，灵帝之时，黄巾贼起无法收拾。宗室刘焉以为这是刺史权轻而且没有兵柄的缘故，便建议改置州牧，并派遣宗室重臣前往充任，无论财赋兵权，都由他们统率。由是州牧的权力，便大大膨胀起来，结果，成了诸侯割据的局面。《魏志》说："汉季以来，刺史（盖即州牧）总统诸郡财赋即于外，非若曩时司察之任而已。"晋武帝诏书里头，也说："汉末四海分崩，刺史内亲民事，外领兵马，此一时之宜尔。"这可知道汉末州郡长官，由刺史变成州牧，由流性变成固性，由察吏变成治军治民，也是环境使然，并非一二人所能移转的呵。

---

①司隶校尉掌察百官以下及京师近郡犯法者，职务与监察御史略同，故不另设刺史。这些都和前汉差不多；但有不同的两点：

1．汉朝旧制，州牧举奏二千石要经过三公的审查。审查以后，还要派员按验。世祖中兴，用法明察，刺史举奏不必经三公的覆核便可宸断执行。这在当时原也不错，可是无形之中，把刺史地位提高，容易酿成专断之蔽。

2．刺史巡郡，原例是前年八月出发次年春初回奏。光武为着节省费用，只令他会同州郡每年上计一起奏报。《宋书》里头说：

前汉刺史，乘传周行，无适所治；后汉所治，始有定处，止八月行部不复奏事京师。

梁刘昭也说："世祖中兴，监乎政本，复约其职，还遵旧制，（刺史）断亲奏事，省入惜烦，渐得自重之略。"

这样说来，后世州牧的专镇一方，和光武"作法于凉"不无影响了。

第四节　政绩述评

汉时御史风节很严；他的权力亦在三公之上。《汉书》列传里说："张禹为御史大夫，每朝奏事日旰，天子忘食，丞相充位而已。"又说："贡禹为御史大夫，列于三公，数言得失，书数十上。"这可是他的包括一切，不单以弹劾为能事了。所以倪宽为御史大夫，"称意任职，久无匡谏"，便为朝廷所轻。

里头最为峻厉的：如江充任绣衣直指，贵戚重臣，奢侈逾度，车马便被没收，本身还要充戍，弄得贵重畏惧，要求罚款赎罪的至积数千万元。彭宣为侍御史，执正不阿，百官畏忌，瞧见他的骢马，就先跑开。因此，京师有"行行且止避骢马"之谣，被人传做佳话。

但是汉时御史办事既没有一定范围，他们自身又没有法律保障，因是举措失当，跌入法网的也很多。《史记》里说："御史大夫冀幸丞相物故，或乃阴相毁害。"这是为了御史可以真除丞相的缘故，但也希冀非分太无法纪了。此外我们翻阅汉史，见得御史大夫犯法得罪的，有：

暴胜之坐失纵自杀

桑弘羊坐谋反伏诛
商丘臣有罪自杀
田广明有罪下狱
伊忠坐河决不忧职自杀
……

虽然这些致死原因，不一定完全为着监察，但至少总和他有些关系，这便不得不归咎到立法的不大完善了。

【第五章】

魏晋监察的仅存

第一节　三国的各自为政

三国时候，魏蜀和吴三分鼎峙，政务不相影响，制度不相沿袭；所以反映在监察上面也各自为政不会相同。现在把他分开来说：

第一款　曹魏

曹魏直接承汉室，和蜀吴的崛起边州不同。他的政治里面，含有东京成分很多。就监察方面来说，如御史大夫、中丞、侍御史等，汉室有的他也尽有。

（一）御史大夫

曹魏御史大夫，完全绍续建安遗绪并没更改。魏臣王朗要减缩政费，在《节省奏》里说："御史大夫官属吏从之数，若此之众，既已屡改于哀、平之前，不行于光武之后。"他的意思，好像说国家不自审择，把胜朝弊政盲目沿袭下来，这是不可以的。第二年文帝改元黄初，变更官制，便把大夫裁掉，只剩中丞主持台务。

（二）中丞（宫正）

中丞魏时改称“宫正”，或者就名“台主”。《魏志·鲍勋传》：“黄初四年，司马宣王举勋为宫正——宫正，即御史中丞也。”《晋书考证》：“魏初改中丞为宫正，或曰台主。”说的便是这个。明帝即位，以后又改中丞。《魏志·杜恕传》：“恕谓明帝践祚以来，御史中丞宁有举纲维督奸宄者？”这便是证据。而且杜恕本身，就在明帝太和时候当过御史。

（三）侍御史

魏的侍御史共有八人，分领数曹，据《宋书》所载，是：

1. 治书曹　掌度支运
2. 课第曹　掌考课
3. 其他各曹　未详名目及职掌

在朝会时候，侍御史一齐簪笔站朝旁。当时有一段故事说：

> 御史八人大会殿中，簪笔白事，侧陛而坐。帝问左右此何官。（案辛毗历事文明二帝，而文帝博览群书，深明故事，当无此问。）辛毗曰：“此谓御史，旧时簪笔以奏不法，何当如今者，直备位但眊笔耳。

把这个和上面杜恕的话合拢一看，曹魏御史的虚滥，不更明白吗？

（四）持书侍御史

即汉之治书侍御史，但魏制于持书侍御史之外更置“持书执法”，叠床架屋，很是可异。

（五）殿中侍御史

魏时由兰台择定二人常住殿中，举察非法，名叫殿中侍御史，这便是后代“殿院”的滥觞。

第二款　蜀汉

《蜀志》里头没有御史的记载。诸葛亮《出师表》备述宫府大臣，也不曾涉及御史，似乎蜀汉未有此官。但《出师表》里曾说：“若有作奸犯科及为忠善者，宜付有司论其刑赏，……”又像监察之制蜀未尽无。但不知这个“有司”到底是甚么名儿罢。

第三款　孙吴

吴国御史大夫的设置，是创始在永安之中。永安以前是没有的。《三国志注》引《吴录》：“群臣表峻为丞相不置御史大夫，人皆失望。”孙峻封相在吴主亮太元元年，接着就是孙峻谋逆，和孙休即位改元永安。那时有个武卫将军名恩加衔御史大夫，这在《吴志》是创见的。永安五年吴主休拜廷尉丁密做左御史大夫，光禄勋孟宗做右御史大夫，才开后代左右御史的先例。吴主皓宝鼎二年，又把左御史换做“司徒”，右御史换做“司空”，虽在短时期之中，却也闹过许多的花样。

第二节 两晋的因循故事

第一款 御史类别

晋武帝泰始元年，封御史大夫王沉为骠骑将军，博陵公司空荀颉为临淮公，其实只是结束魏御史的残局，并不是御史大夫和司空的重叠。晋时充当监察台主的，只有中丞一人。他的官属，有的沿魏，有的沿汉，有的“自我作古”。大略情形，是：

（一）持书御史

这是魏官。魏置治书执法二人掌奏劾，治书御史二人掌律令。晋兴合并两职，共设治书侍御史四人。太康以后裁去二人。

（二）殿中侍御史

殿中侍御史也是魏官。魏在殿廷兰台里面，特设御史大夫二人，常住殿中举察非法，由是便有殿中侍御史的专名。晋初增至四人；江左以后裁去两人。

（三）符节御史

秦时叫符玺令，汉初叫符玺御史，赵尧夫曾为之，原只混合在侍御史里面。魏时把他特立“台位”，仅次中丞，掌授节和铜武符、水使符。晋武帝太康九年，又把他并入兰台，叫符节御史。

（四）禁防御史

禁防御史也是魏官，案魏晋《官品令》均有是职，列第七品。

（五）检校御史

检校御史，是东晋孝武帝太元时候创设的。第一任御史《晋书》说是吴琨，《通典》说是吴混，他是专掌行马外事的。行马是署门外的交木栅栏，古时叫做梐枑，梐枑以外便是街道了。俗说有巡街御史，大概就由这里来吧？晋初中丞司隶分督百僚，中丞专纠行马以内，司隶专纠行马以外。东晋废除司隶的官员，便设了这个御史来代替。

（六）黄沙御史

黄沙御史，原是治书御史的旁。武帝时候专为办理黄沙狱事设的，所以也叫黄沙狱治书御史。他的品秩和中丞相同。四年以后江南并入版图，黄沙特别狱便跟着裁撤（“江南”，《晋书》作“河南”）。

（七）侍御史

这是普通御史的统名。晋时只有九人，多由郡守选任。《山公启事》所说的，旧时御史颇用郡守，是也。里头分设十三曹：

1. 吏曹 2. 课第曹 3. 直事曹 4. 印曹
5. 中都督曹 6. 外都督曹 7. 媒曹 8. 符节曹
9. 水曹 10. 中垒曹 11. 营军曹 12. 法曹
13. 算曹

江左省课第曹置库曹，掌厩牧牛市租。后又分库曹为左库、外库共十四曹。

第二款 刺史治军

汉末改刺史置州牧，并由在朝九卿出领，他的权力已经很重，真的如《魏志》所说"内亲民事，外镇兵马"了。曹魏得国初头，虽把州牧仍旧改成刺史，但他的权力并不比州牧小，他的监察之任反比州牧松。有的将兵，有的不将兵。不将兵的叫"单车刺史"。将兵里头，地位较高的叫"使持节都督"；地位较轻的，单叫"都督"。疆圻坐镇，早忘掉他原只监察之官了。其余虽是不掌兵权，也只管牧民不管察吏。贾逵在荆河州刺史任内（《魏志》作豫州）曾说：

州本监郡，谓察二千石以下。其状（委任状）皆言严能鹰扬有督察之才，不言安静宽仁有恺悌之德也。今长官不法，盗贼公行，知而不纠，天下复何取证乎！

因此，他便振顿风规，回复本来面目。州郡二千石以下，阿从不法，即刻奏免他。魏文帝见了，称他做“真刺史”，布告天下，要把荆河州做模范。

晋太康之中，曾经明令都督治军，刺史治民，实行军民分治的政治。但于刺史察吏一事，也老早“淡然忘之”了。惠帝末年，复行合并两职，把州郡分成“单刺史州”和兼督军事两种。①但里头也有和监察有关的：

1. 回复汉初奏事之制，令刺史三年入奏一次。
2. 采用犯罪地主义，凡在辖内违犯法纪，虽非所部亦得弹劾。

第三款　政绩述评

魏时监察事务，在明帝太和初年好像是很废弛的。所以杜恕疏里有一段说：

骑都尉王才幸乐人孟思，所为不法，振动京师，而其罪状发于小吏，公卿大臣初无一言。

---

①刺史兼督军事，始于冯赦都督扬徐二州。

公卿大臣吧？当然是御史最负责任了。所以又接着说：

自陛下践祚以来，司隶校尉、御史中丞宁有举纲维以督奸宄，使朝廷肃然者乎？

这已明白地把监察的失职指出。

晋朝的监察，也不见得比魏高明；但他有两件事例值得注意的，便是：

1. 打破行马的界域

中丞专纠行马以内，司隶专纠行马以外，这好像是一道鸿沟，好久不曾逾越了。但到了晋朝，礼制虽存，早已“更奏众官，实无其限”了。简文帝即位，京师戒严，大司马桓温屯驻中台，夜吹警角。中丞王怡劾温大不敬，请治罪。明日温见奏叹曰：是儿乃敢弹我真可尚！这便是一个例子。

2. 打破不纠三公的限制

汉代官仪，是很讲阶级的；所以刺史品秩不及郡守，便有以卑临尊之嫌。中丞秩卑，三公秩尊，更不容颠倒纠察了。后汉陈元说“有司不宜省察公辅”，盖已成了政治上的习惯。然行马内事，虽是皇太子也要受中丞的监察，为甚三公偏得例外？这实在是讲不通的。晋傅咸奏说：“司隶、中丞得纠太子，而不得纠尚书，臣所未喻。”他们对这限制，已经有了怀疑。到了刘暾做中丞的时候，便不客气地一直奏免尚书仆射犯法的至十余人；由是“不纠三公”的例，遂行打破。

【第六章】

十六国监察的拾零

晋朝不上数传，便有五胡十六国的割据。他里头监察事务，零散在载记上面的：

1. 曾设御史大夫的

（甲）前赵刘聪以陈元达为御史大夫，位列三公之下。

（乙）西秦乞伏乾归以悌眷为御史大夫；乞伏炽磐以麴景为御史大夫。

（丙）夏赫连勃勃以叱干阿利为御史大夫，并设中丞以为副贰。

2. 曾设御史中丞的

（甲）后赵石季龙以李巨为御史中丞，百僚震慑，州郡肃然。

（乙）秦苻坚以梁光平为御史中丞。

3. 弹劾事迹

（甲）石季龙的初政，以诏旨令御史弹劾吏部不行考选，又以豪戚侵恣，贿赂公行，特擢殿中御史李巨为中丞，亲加宠命：这都是很有价值的。但至末年，驰骋田猎，竟至派遣御史“监察（行苑）禽犯者罪至大辟”，简直是“为阱国中”了。结果，“御史擅作威福，百姓有美女牛马，求之不得，便诬以犯兽，论者百余家”。

（乙）苻坚朝里，梁光平做御史中丞，纪纲严肃。张瓘称他“才识明达，令行禁止”。李柔做御史中丞，弹劾宗臣苻丕久围襄阳，师老无功。这在当时都是仅见的了。

【第七章】

南北朝监察的互异

南北朝的政制各有渊源，跟着监察制度也不能一致。现在把他分述于次。

第一节　南朝

第一款　刘宋巡宫的特制

刘宋时代只设御史中丞一员，主持监察事务。他的僚属：

（一）治书侍御史

二人　分统诸侍御史。[①]

（二）侍御史

十人　分治诸曹。

1．吏曹

2．库曹　由晋之课第曹改置，初分内左库及外左库。武帝元嘉中，省外左库，直曰左库。孝武大明复外左库，旋废。废帝景和元年复置。

---

①《宋书·礼制》："黄沙治书侍御史，银印，墨绶，服朝法冠。"似宋时另有此职。

3．直事曹

4．印曹

5．中都督曹

6．外都督曹

7．媒曹

8．符节曹

9．水曹　顺帝时省营军曹并入。

10．法曹　顺帝时省算曹并入。

这里头有和前代不同的，便是中丞每月二十五日要绕行“宫垣白壁”一次。按汉朝旧制，执金吾每月三次巡视宫城。刘宋把这责任交给中丞，未免太涉苛细了。

第二款　萧齐南司略纪

齐梁时候，御史通叫“南台”，也叫“南司”。齐明帝谓“江淹今为南司，足以振肃百僚”，便是证据。他的制度，多沿刘宋。据《南齐书·百官志》，有的是：

御史中丞一人，职无不掌。

治书侍御史二人，掌举劾不法并分统侍御史。

侍御史十人，分掌诸曹事务。

第三款　萧梁御史大夫的一现

梁国初建，曾设御史大夫。翌年即位，改元天监，便废大夫，设中丞。他的监察范围：

1. 皇太子，宫门行马以内各官犯法。
2. 行马以外各官犯法，监司失察不劾。[①]

他的属员：

1. 治书侍御史二人，掌举劾官品第六以下，并分统侍御史。
2. 侍御史九人，掌居曹治事，并纠不法。
3. 殿中侍御史四人，掌殿中禁卫以内。[②]
4. 符节令史一人，掌符玺。

他的仪仗，梁武帝尊崇体制，新给仪仗十人，武冠绛韛，呼喝入殿。还给青仪囊，题为“宜官告以受讼辞”，确是异数。

---

① 监司便是负监督责任的官司。《晋书·范宁传》：“监司相容初无弹劾，……”这是“监司”两字的来历。

②自魏设殿中御史以后，停废多年，梁天监后始复。

第四款　陈的相沿故事

陈的御史无所变更。据史里所载，计有：

御史中丞一人，

治书侍御史二人，

侍御史九人，

他们的职掌都和前一样。

第五款　台使之害

刺史原叫“外台”，他的监察任务是和“内台”比美的。可是自汉以后，早就“无闻”了。《南齐书》里面，有个“州牧刺史”的名目，那是“罢牧置史，即以刺史领州”的缘故。盖汉前为两官，至江左却合为一职了。梁时刺史皆令提督军事，则又把治吏、治军、治民合拢在一块。对于监察的本业，当然名是实非，刚合《日知录》的说数：

汉之刺史，犹今之巡按御史；魏晋以下，犹今之总督；隋以后之刺史，犹今之知府、直隶州。

南朝的刺史，也只是南朝各州的总督罢了。他的察吏之官，另外有个“台使”。宋文帝元嘉三年，诏遣大使巡行四方曾说：

宰守称职之良，闺荜一介之善，详悉列奏；刑狱不恤，政治乖谬，伤民害教，具以事闻。

这便是台使的责任了。然台使的弊害，在当时亦甚重大。《廿二史札记》有一条说：

宋元嘉中，簿书赋税，皆责成郡县。孝武急速，乃遣台使。自此公私劳扰。齐初王子良疏曰："此辈使人，既非详慎，或贪险崎岖，营求此役。朝辞禁门，形态即异，暮宿村县，威福便行。胁遏津吏，恐喝邮传，既望城郭，便飞下严符，但称行台，未知所督。先词官吏，却摄郡曹，绛标寸纸，一日数至。四乡所召，莫辨枉直，万姓骇迫，争致馈遗，今日酒谐肉饫，即与附申，明日礼轻货薄，复责科算。及其狵蒜转积，鹅粟渐盈，远则分鬻他境，近则托质吏民，反请郡邑助民祈缓。"此齐台使之害也。

《梁书·贺琛传》亦有疏曰："今东境户口空虚，皆由使命繁数。大邦大县，舟船衔命，非唯十数，即穷幽之乡，极远之邑，亦皆必至。驽困邑宰，则拱手听其渔猎；桀黠长吏，又因之而为贪残。故细民弃业流冗者多。"此梁台使之害也。

察郡既没有专官，派遣又不详慎，擅作威福，苛诈吏民，那当然是免不掉的。赵瓯北矫枉过正，至说："外吏不可信而遣朝使，小官不可信而遣大僚，宜其厉官方而达民隐，乃滋累更甚，则不如不遣之为愈也。”未免“因噎废食”了。顾亭林的话，比较持平。他说：“倚势作威，受赇不法，此特其人之不称职耳。不以守令之贪残而废郡县；岂以巡方之浊乱而停御史？”这是不错的。

第六款 四朝事迹略述

江左御史诸员，虽多一时名彦。然世家阀阅每不重视此官，以致政绩亦鲜可举：

宋颜延之为中丞，何尚之与之书曰：绛驺清路，白简深劾，取之仲容，或有亏耶？

王球甚矜曹地，遇从弟僧朗除御史中丞，谓曰：你为此官，不复成膏梁矣。[1]

齐甲族由来多不居宪职，王氏分枝居乌衣者，为官微减。王僧虔为御史中丞，乃曰此是乌衣诸郎坐处，我亦试为耶？

梁张绾由宣城王长史迁御史中丞。高祖宣旨曰：为国之急，惟在执宪直绳，用人本不限升降。晋宋之际周闵、蔡廓并以侍中为之，勿疑是左迁也。

谢畿卿由尚书三公侍郎寻为治书侍御史。旧郎官转为此职者世谓为“南奔”[2]。畿卿失志多陈疾，台事略不复理。

---

① 三世有三公曰膏粱。

②御史台为“南司”，尚书省为“北省”，故由省至台曰南奔。

御史既不为人所重视如是，因而居是职者亦不肯奋发自厉。《宋书》称颜延之为御史中丞，在任纵容，无所举奏。齐明帝亦曰：宋世以来，不复有严明中丞。那时的御史诸官，实只备员充数而已。中经梁武帝尊崇体制，并特加旌赏，以示优异，风气为之稍有移转。梁陈之间，御史颇多称职。史载：

江淹弹中书令谢朏、司空左长史王缋、护军长史庾弘远，并以久疾不与山陵公事。又奏前益州刺史刘悛、凉州刺史阴智伯并赃货多巨，将付廷尉治罪，内外肃然。明帝称为“近世独步”。

张缅居宪司，推绳无所愿望，号为劲直。武帝乃遣工图其像于台省，以励当官。

张绾再为宪司，弹纠无所回避。豪右惮之。

到洽迁御史中丞，弹劾无所顾望，号为劲直，当时肃清。

孔休源除黄门侍郎兼御史中丞，正色直绳，无所回避，百僚惮之。

臧盾性公强，居宪台甚称职。

江革为御史中丞，弹奏权豪，一无所避。

——以上俱《梁书》

孔奂性刚直，善持理，居中丞多前纠弹，朝廷甚惮之。

袁宪为御史中丞，豫章王叔英不奉法度，逼取人马。宪依事劾奏，叔英由是坐免黜。自是朝野皆惮焉。

徐陵除御史中丞；安成王顼为司空，以帝弟之尊，势倾朝野。直兵鲍叔叡假王威福，抑塞词讼，大臣莫敢言者。陵闻之，乃为奏弹，导从南台官属引奏案而入。世祖见陵服章严肃，若不可犯，为敛容正坐。陵进读奏版时，安成王殿上侍立，仰视汗流失色。陵遣殿中侍御史引王下殿，遂劾免侍中中书监。自此朝廷肃然。

宗元饶为御史中丞，吏有犯法政不便民及于名教不足者，随事纠正多所裨益。

——以上均《陈书》

由宋齐的萎靡，可以转至梁陈的严肃。他的枢纽只在于体制的尊崇，和朝廷的提倡。我们要监察制度发生实效，对于官吏的待遇不可不先计及。

第二节　北朝

第一款　元魏的中尉

后魏建国初头，曾有个外兰台御史。《魏书·官氏志》载："太祖天兴四年罢外兰台御史，总属内省。"这有两个解释，不是撤废御史台，便是把御史台附属在内省底下。这样下来，一直至高祖时候，方才事事模仿中国古法，设立太和官制。里头属于监察的：

1. **御史中尉一人**　后魏的中尉，即汉晋的中丞，掌督百司百僚。凡属朝会，自尚书令丞、仆射以下，都要送册往“南台”备查。

2. **治书侍御史** 人数未详。高祖太和官制，和世祖职令，皆有此官。前令列第五品以下，后令列六品上阶。他们是“掌纠禁内朝会失时报章违错”的。飨宴会见，也在他们监察里头。

3. **殿中侍御史** 员数未详。太和官制列从五品中阶，世祖职令列入八品上阶。

4. **侍御史** 员数未详。他的职掌，是随同殿中侍御史，白天值事外台，夜里番宿内台，督察非法。

5. **检授御史** 世祖职令有检授御史一官，列从八品上阶，盖即前说的检校御史。

这里有一个特点，值得注意的：便是后魏定制，侍御史不随台主更换，使他可以专心治事，不至跌入政治旋涡，这不能不说是后魏监察的一个进步。可是世宗延昌时候，王显拜御史中丞，藉口“属官不悉”要求更换；而更换的结果，又“或有请属，未皆得人”，遂之王显的声名堕落，而监察上的良好习惯也就跟着打破了。

第二款 北齐御史和尚书的关系

北齐官制，和魏相同。关于监察方面，有：

甲、台官

1. 中丞一人
2. 治书侍御史八人
3. 殿中侍御史十二人

4．检校御史十二人

乙、属吏

1．录事四人

2．领符节史令一人

3．符玺郎中四人

但他也有个特例，便是尚书令“专掌纠弹现事”，凡是现行犯一类，他都可以和御史中丞“更相廉察”。这是前代所没有的。

第三款　北周的改制

北周官制，起初也和北魏相同。待至“方隅粗定”，便令苏绰、卢辩改创章程。他的特点有二：

1. 减裁冗员

苏绰所上六条诏书，有说：“善官人必先省其官；官省则事省，事省则民清；官烦则事烦，事烦则民浊。”这是他主政的方针。

2. 仿古定制

卢辩绍述苏绰遗业，远师周制，设立六官，鄙夷汉魏之法。因是监察制度也大有变更，把御史府改名司宪，列入秋官府内。他的名目是：

司宪中大夫二人　掌司寇之法，辨国之五禁。——这个和御史中丞相当。

司宪上士二人　这个和持书御史相当。

司宪中士若干人　这个和侍御史相当。

司宪旅下士八人　这个和监察御史相当。

第四款 政绩述评

北朝的监察制度，虽然稍为特别些儿，究也不会脱离人存政举人亡政息的窠臼。所以在得人的时候，有：

王显领宪多所弹劾，百僚肃然。（魏）

延周转治书御史，劾奏王公大臣，先后免职。（魏）

赵郡王琛除御史中丞，正色立朝，纠弹无所回避。（魏）

窦泰领御史中尉，虽无多弹劾，百僚退惮。（齐）

但在失人的时候，便未免像：

裴延俊守职台阁，不能有所裁断直绳。（魏）

甄琛领中尉，俛眉畏避，不能绳纠贵游，凡所劾治率为下吏。（魏）

最明显的例，便是：魏肃宗正光以后，天下多事，在任群臣，甚少廉洁之辈。后来齐王高澄奏用崔暹为中尉，纠劾权豪，会使风俗更始，连世宗都骇异起来，对他说："我犹畏羡，何况余人？"这样看来，风宪得人，实在是政治清明的第一关键。

那项外郡的巡察，倒很风厉。张纂在乐陵受贿，听得御史将到，便至弃郡而逃；韩轨在瀛洲稍微聚敛，便被御史纠劾免官，这都是实例。

第三节　中丞专道问题

南北朝时候，有个“中丞专道”的老例。自刘宋以及萧梁都很“奉行制令”，中丞的仪仗，便也“一蟹胜过一蟹”起来。但依据法令和习惯，可以和他分道的，有：

1. 尚书省令

这是武帝孝建二年明诏允许的。但只限定“令”的一级，丞郎以下便没有这特权了，虽在退朝下班，中丞也可打断他的行列。

2. 皇太子

这是文帝元嘉十三年，中丞刘式之议定的，他说：“皇太子不宜与众官同列，应与分道。”

3. 扬州刺史、丹阳令、建康令

这也是刘式之说的。理由是：

> 扬州刺史、丹阳令、建康令为京辇土地之主，或检校非违，或赴救水火，事贵神速，不宜稽驻，应与分道。

别的官吏，自然是坐车的下车，坐马的下马，遇着中丞，都要“停驻”或“回避”了。在南齐时候，还因为和武将相遇，“卤簿呵禁”，打起几回架来。

北朝的中丞专道，不让南朝，还加上一个棒打的例。原来后魏时候，中尉出入，是要清道千步以外，虽是王公大臣，在那时候也得停骖。若是不然的话，他就可以用棒子棒他。最惹人注意的，便是：北齐武成帝所遣的中使，犯了中丞琅琊王名俨的仪仗，被打得鞍碎人仰马翻，都没话说。寿阳公主和中丞高恭之冲道，被恭之打碎宫车，他的帝兄还要向他道歉，这真是推崇极了。在实际上，如果也会这样，岂不好吗？专讲仪式，那是没用的。

当时因专崇太过，未免出了岔子。一个是在后魏时候，《北史》说：

元志为洛阳令，与中尉李彪争道，俱入见。彪曰："御史中尉，辟乘舆羽盖，驻论道鼓剑，安有洛阳令与臣抗衡？"志曰："臣神州县主，普天之下，孰非编民？岂有俯同众官，趋避中尉。"遂令分路。

刘宋都扬州，北魏都洛阳，为他是京兆首都，所以才有特别待遇。又一个出在唐朝，《洪容斋随笔》说：

唐御史中丞温造，道过左补阙李虞，恚不辟，捕从者笞辱之。左拾遗舒元褒等言，故事供奉官惟宰相外无屈避。造弃蔑典礼，辱天子侍臣，请得论罪。乃诏台官、供奉官共道路，听先后行，相值则揖。

但这只是余波而已，其实周隋以后，中丞出入只有私骑匹马相随，一切以前隆重的仪仗，早就没有了。

【第八章】

有隋监察的转捩

监察制度，经过南北朝的纷更，已入衰颓状态。隋高祖代周，改易制度，废除六官，仍立御史台以专纠弹，实是中国监察史上由衰还盛的一个转枢。现在把他述说于下。

第一节　高炀台制互异

隋高祖和炀帝虽是站在一作一述的地位，但他的台制却不相同。分说起来，有如：

1. 御史大夫

原是周的司宪中大夫，又即是南朝的御史中丞。他所以不叫中丞要叫大夫，那只是避犯国讳罢了。他们专掌纠弹，不管政治，只此一层已够说明不是三公之任了。员数一人，阶从三品，炀帝把他降做正四品。

2. 治书侍御史

即周司宪上士，也就是隋的中丞，专管台里簿书，做大夫的副贰。只因隋氏讳“中”，更移称治书侍御史，和前朝的持书挟律原不相同。唐时高宗讳“治”，又把他回宗做中丞，这是后话不题。员数二人，阶从五品。

3. 殿内侍御史

即是前朝的殿中侍御史，隋朝讳“中”所以改做殿内。高祖时员数十二人，阶正八品；炀帝时省。

4. 监察御史

即是秦的监御史，魏的检授御史。高祖时，员数十二人，阶从八品。炀帝增至十六人，阶从七品。掌出使检校。

5. 侍御史

员数未详。高祖初年，令依故事直宿禁中，阶从七品。炀帝罢直宿之例，并升阶为正七品。大业中，员数增至百余人，降阶从九品。掌任侍从纠察。

6. 录事

二人，高祖初置。

7. 主簿

二人，炀帝增置。

那时有最可注意的两点，便是：1. 隋御史不听台主更换，他选授全出“吏铨”——吏部铨选。2. 遣将出外，常令御史监军。

第二节 司隶台和六条察郡

第一款 州郡的变更

《日知录》里头说：“汉之刺史犹今之巡按御史；魏晋以下犹今之总督；隋以后犹今之知府及直隶知州。”这是说他的领域细小，又不举行巡察的缘故。所以炀帝罢州置郡，一般学者都认他做地方制度的改革。其实炀帝罢州，只是高祖废郡的反响，在根本上并没有更换。高祖开皇三年“废郡留州，用州统县”，这是采取地方两级制，删除中间阶级的郡。炀帝罢州置郡，也只是换文帝之州，即以为郡，名目虽有变更，并不曾把地方分割零碎。我们只看，南朝疆土最小的要算是陈，他还有四十多州。北朝后周大象时候，全国的州共有二百一十一个，合算两朝不是二百五十多个吗？隋氏统一南北，炀帝又从新定林邑各地，而所置的郡仅有一百九十。虽然比不上汉魏之州之大，但和南北朝相较，已“有过无不及”了。可知地方区域的缩小，实在晋时已然，并不自隋始。

第二款　司隶的六条察郡和刺史督军的禁制

自隋以后，州郡之官早已不司察郡。炀帝大业年间，设立司隶台，这才是专察州郡的机关。他的组织：

1. 司隶大夫一人　掌诸巡察。
2. 别驾二人　一人掌按东都，一人掌按京师。
3. 刺史十四人　掌巡视畿外诸郡。[①]
4. 从事十四人　掌副刺史巡察。

视察的范围，和汉一样，也只六条。

一、察品官以上理正能否；

---

①与部刺史之刺史不同。

二、察官人贪残害正；

三、察强豪奸猾侵害下人，及田宅逾制官司不能禁者；

四、察水旱虫灾不以实言枉征赋役，及无灾妄蠲免者；

五、察郡内盗贼不能穷逐，隐而不申者；

六、察德行孝悌茂才异行，隐而不贡者。

定每年二月乘轺巡郡，十月入奏，恰和汉制的六条后先辉映。说他“不行视察”真是梦话。后虽罢废司隶台，而司隶从事，仍然存在，不过不是常员，要待临时选官权摄罢了。

那时还有一事可以注意的，便是：革除魏晋刺史持节督军之例。于刺史以外，别置都尉领军，与郡守不相知问，使军民分治的实行性，更加一层坚固。

大业末年，司隶刺史薛道衡触犯了炀帝；因是虞世基乘机奏免，并废置刺史以下官属。州郡监察遂至隳废，而隋之社稷也就不久沦亡。

第三节 政绩述评

隋的监察事迹，很少可纪。开皇八年，尚书主簿元寿奏章里，有一段说：

御史之官，义存纠察，直绳莫举，宪典谁寄。……摩诃远念资财，近忘匹好，……殿内侍御史韩微之亲所闻见，竟不弹纠。……治书侍御史刘行本出入宫省，备蒙任遇，摄职宪台，时月稍久，庶能整肃缨冕，澄清风教；而在法司，亏失宪体，瓶罄罍耻，何所逃愆？……行本、微之请付大理。

这便是监司失职的一个证明。而炀帝嗣位以后，“王纲不振，朝士多赃货”（见《昂千里传》），尤不得不归罪于司宪的大臣。大业中，裴蕴做御史大夫，竟和虞世基、裴矩狼狈为奸，逢迎意旨。而裴矩尤其善伺人主微意，“若欲罪之，则曲法顺情锻成其罪；所欲宥者，则附从轻典从而释之”。哪里还有风宪的可言？

州郡方面，自大业末年，罢置司隶刺史，增设御史百人，越发造成安置奸党的机会。“郡县有不阿附，便阴陷以法”，监察的话，更不消说了。另一方面，却又“兴师动众，留守京师”，以及“互市诸藩，派遣臣使”，都要御史从中监制。弄得“污沾官方，侵扰百姓”，地方政治不清，四方盗贼群起。我们虽说隋氏之败，由于御史，也不算是什么过言。

就里的鸡群立鹤，要算开皇时候，阴骨仪为侍御史，处法平当，不为势利所回；大业初头，陆知命为治书侍御史，俨然正色立朝，为百僚所惮。

【第九章】

监察的全盛时期——唐

监察制度，到了唐朝可算是全盛的了。组织既很详密，法度也颇完备，现在把他分述于下。

第一节 唐代御史总说

唐的监察机关，仍名御史台，掌用“刑法典章纠正百官之罪恶”。有大夫一员做台主，有中丞两员做副贰（《新书》作三员，从《旧书》）。中叶以后，朝廷以大夫秩崇，官不常设，只留中丞摄任台长（见武宗会昌二年敕）。所以也把中丞品秩升至四品下阶，和大夫三品中阶相拟。但这都是后话。

高宗龙朔二年，用“义训”更改百官名目，叫御史台做宪台，大夫做大司宪，中丞做司宪大夫。咸亨元年仍复旧制，中间更换名号，不及八年，而且在实质原只一样。武后文明元年窃夺大位，改元易服，才把台制根本变更，以御史为肃政，并分左右两台。中宗神龙复国，御史也复原名；但两台之制，还沿至睿宗太极元年，始行合并。

第二节　两台和三院

第一款　两台的起灭

唐初御史，只有一台。武后亲制，才分左右两台肃政。左台主督察百官军旅；右台主督察州县政治风俗。初时两台“互相纠正颇加敬惮”。时议以为右多名流，左多寒刻，故选登南省也是右台居多。末后，两台兼主京师和州县的督察，权限既不分开，而御史里头又多互相倾轧。睿宗景云三年下诏说：

> 二台并察京师，资位既等，竞为弹劾，百僚被察，殆不堪命。

这大概就是裁并的理由了。太极元年，遂废右台。是年五月改元延和，复设右台御史；但以尚书事务归入左台。右台不服，起而争绾。左台大夫窦怀贞，遂依故事奏撤右台，把人员并入左台安置。先天二年再复，十月又废。

第二款　三院的组织

台的下面更有三个附属机关：

（一）台院

这是侍御史办公的所在。侍御史叫台端，又被人称做端公。唐初标榜“法理”（理即治也）主义，他的职位很居雄要。里头有侍御史六人（《通典》《旧书》均作四人，兹依《新书》），主簿一人，录事二人，令史十七人，书令史二十三人，分掌“推”“弹”“公廨”“杂事”四种台务。推是推鞫；弹是弹劾；公廨是常驻衙门；杂事是总理一切庶务。他的分配如左：

知杂事侍御史一人　特别叫做“杂端”，要年资最老的方才可以充任，主管御史进名改转，以及台内一切事务。

知公廨侍御史一人　这便是常驻廨内的御史，用今制来说，便是常务委员。

知弹侍御史一人　侍御史提起的弹劾事件，都得经过台长手上。大事台长另用“方幅”上奏，小事只在御史疏末署名押奏。知弹便是帮助台长知这些事。

知推侍御史二人　名叫“副端”，分掌东西推鞫事务。原来唐初把京官州县分做东西两推，设知杂御史各一人，主监赃渎。在三司受事时候，又各要一个殿中侍御史为副，通叫“四推御史”。宪宗元和八年，令四推轮直受事，周而复始，罢东西分日之制。

分司东都留台一人　这便是后世“行台”的蓝本。

这些侍御史的权力，在唐初原是很重的。肃宗至德以后，宰相以侍御史权重，建议弹奏先白中丞大夫，又要通状中书门下，然后才得进奏。由是拘牵制限，侍御史的权力便不及从前那样自由行使了。

（二）殿院

这是殿中侍御史的所在。内里有御史九人（《通典》《旧书》均作六人，兹从《新书》），令史八人，书令史十人，掌（一）纠察殿廷各种仪节和（二）分知京城内外的左右巡。他的工作分配，是这样：

1. **同知东推一人**　掌监太仓粟米出纳，双日出台，单日在殿，间日一往。

2. **同知西推一人**　掌监左藏锦帛出纳，双单日的分配同前。

3. **廊下食使二人**　朝官就食廊下，要有殿中侍御史二人出监。

4. **分知左右巡二人**　左巡知京城内，右巡知京城外，但以雍洛两州的境界为限。境内有所不法之事，无论何人皆得举究。后以巡务太烦，归京畿县尉管理。

5. **内供奉三人**　掌监殿廷供奉仪式。

其他巡幸朝会郊祀等事件，定例也要殿中侍御史派员纠察。

（三）察院

这是监察御史的所在。内里有御史十人，御史里行五人，掌监察百僚以及巡按州县各种事务。他的工作分配，原有：

1. **六察御史** 简称“六察官”，分掌尚书省吏、礼、兵、工、户、刑六司的监察。

2. **监太仓使** 这个原属监察御史的范围，后由殿中侍御史专监，此职遂停。

3. **监左藏使** 同前。

4. **黜陟使** 享有黜陟州县官吏的特权。太宗贞观八年设；肃宗乾元元年罢；德宗建中元年复置黜陟十一人，分巡天下。

5. **监军御史** 这是隋的旧制。武后垂拱二年，以御史监军为“以卑制尊且非委任专征之道”，此制遂停。

6. **知左右巡** 这个原是监察御史的责任。初制每月巡视刑部、大理、东西徒坊、金吾县狱，不限次数，一月一代。开元以后，改由殿中侍御史知巡，此职遂停。

7. **馆驿使** 开元中年，监察御史兼巡传驿，二十五年改兼巡为“检校”，代宗十四年，复改检校为“知”，名为知两京驿使。

8. **察院杂差**

（1）监决囚徒及罪人之笞于朝者；

（2）监屯田铸钱；

（3）战时大克掌数俘奏功；

（4）国忌日与殿中侍御史分巡寺观；

（5）宴飨、习射、大祠、中祠，纠察不如仪者；

（6）蒐狩，监察断绝失禽。

第三节　台臣的正除和额外

第一款　正除

唐御史除拜，皆由吏部丞相和本台长官共同议定，但也有由内诏特任的。高宗以后台官选授，遂渐鲜受铨管。睿宗神龙时候，为着李义府主选，奸弊甚多，便完全令他脱离吏部。那时颇能慎选名流，回复贞观、永徽之旧。

第二款　额外设置

唐的御史，有假，有试，有兼，有摄：这些都是正员。有里行，有里使，有员外各种名称，这些都是特别加额。

太宗诏令马周以布衣在监察御史里行，这便是“里行”二字之始，犹今言在某某衙门行走一样。到武后时，又有殿中侍御史里行之官，都由他官兼充。他的俸薪即由他官支给。自从王太宾兼摄里行，罢给本官之俸以后，里行一职才有真除。

员外试监察之制，始自武后。那时李峤主天官选事，名器虚滥，朝廷员外官多至数千人，监察的员外，自然也极拥挤了。

里使始自玄宗，有御史里使、侍御史里使、监察里使各名目，但都没有常员。

原来唐的台例，只限占阙正员，才有职田庶仆。额外无阙可占，便只一年两次请地于太仓，每月一次受俸受禄于太府。

第四节　御史处事成规

唐代御史处事的成规，也可分做数种来说。

一、风闻论事

旧例御史不受词讼。通词的人须在台外守候。御史按时在门外收状，察其可劾者具奏，但不叙告者姓名，托言风闻访知。这便是“风闻论事”的来源。但御史里面，究竟嫉恶如仇的少，奉行故事的多，因循玩愒，渐把“通状”壅滞，或竟无人受理。高宗永徽时候，崔义元为御史大夫，便开“受事”之例，由御史一人轮直受状，劾状中亦得叙述告人姓名。开元以后遂定为制。

二、奏置台狱

唐初御史鞫案，皆寄送大理寺禁系。太宗贞观末年，御史中丞李乾祐，以囚自大理往来，诸多未便。又台中鞫治入法案件，多被大理寺推翻释放；便奏请自置东西二狱，禁系罪人。开元时候，崔隐甫奏罢台狱，仍归大理。

三、三司会审

唐时中书省、门下省、御史台，名叫“三司”。朝日，御史大夫、中书舍人、门下给事中，坐堂受理冤狱，叫做“三司受事”。又同尚书省、刑部、大理寺，共同复审疑狱，叫做“三司推事”。有时推事非由长官，仅由侍御史同刑部郎中员外，大理司直评事，共同审理，这叫做“小三司”。

第五节　地方制度和监察

第一款　地方述要

高祖武德元年，变更隋制，罢郡置州，改太守为刺史（只雍州置牧）；然仍非察吏之官。太宗分天下为十道；武后置台使八人分察天下。玄宗开元二十一年，分天下为十五道，置采访使以察吏民。天宝元年，改州为郡，改刺史为太守，自是以后，无甚变更。

第二款　监察的名称和范围

唐代州郡监察制度的变迁，略如下面：

一、台使

唐初监察的官叫做台使，随事随时遣派，没有定员。武后时候定额八人，每年春秋两次出视州县，春曰“风俗”，秋曰“廉察”；并令凤阁（即尚书省）侍郎韦方质删定巡察条例四十八条，以凭遵守。延载以后，便不岁出，定须奉有诏敕方才出巡。

二、巡按使

中宗神龙二年，设各道台使二十人，定名为巡按使，各以判官为佐，择内外官五品以下坚明清劲者兼充之，再岁而易。并定察例六条：

1. 察官人善恶；
2. 察户口流散，籍赈隐没，赋役不均；
3. 察农桑不勤，仓库减耗；
4. 察妖猾盗贼，不事生产；
5. 察德行孝弟，茂才异等，藏器晦迹，应时用者；
6. 察黜吏豪宗，兼并纵暴，贫弱冤苦，不能自由者

这便是后代巡按使的始祖。

三、按察使

睿宗景云二年，改巡按使为按察使，定额十人。

四、按察采访处置使

玄宗开元二年，又更名按察使为十道按察采访使。四年罢；八年复置；十年复罢；十七年又置，并令以六条检察非法。但访善恶举大纲，细故委之郡守，毋须干涉。

五、观察处置使

肃宗乾元元年，停采访使，回复贞观八年新置之黜陟使，更名为观察处置使。掌宣化、观风、录囚、赈恤各政。后代之观察使，即权舆于此。

第六节　政绩述评

御史大夫，在唐的时候，品秩最高。但也因为品秩高了，所以不专授也不常置，大概都是大臣的兼官和荣典。受这荣典的，也不一定要是勋贵名流。虏臣如安禄山，戚幸如杨国忠，酷吏如王鉷，奸佞如卢杞，都曾加过这个官衔。这可见当时原不把他当做甚么一回事了。结果，他的事迹，恰恰操之太刻和纵之太宽，两个相反方面。

武后时代，来俊臣为御史中丞，以罗织为能事，大开告密之门，弄得朝士骚然，刑狱冤滥。长寿元年，严善为御史，覆案罗织之狱至于引虚伏罪者八百五十余人。当时苛刻之情形，可以想见了。

另一方面，武氏之后，韦氏当朝。安乐公主和上官婕好卖官鬻爵，破坏官方。官吏不必经过吏部执奏，只有宫中墨敕便可迁授，冗滥淫污，单说吏部李朝隐执驳的不合法官吏，一批便有一千四百余人，朝廷风宪更何从说起呢？元载当国，所拟注的官吏，污滥尤多，恐被劾奏；乃请别敕所除六品以下官吏，吏部兵部无得检核，朝臣阿附，纲纪荡然。代宗大历六年内出制书，特任李栖筠为御史大夫，不经宰相手上，令他专事纠劾奸邪，由是朝廷纪纲稍微整肃。

但当时除授得人，也颇有政绩可纪；像徐有功在武后时代，独能用法平恕，拜授御史，至于远近闻风称贺。又像纪履忠劾奏来俊臣的五罪；王义方廷叱李义甫朗诵弹文；他那种鲠直的风骨，尤其不易做到。

【第十章】

五代监察的没落

第一节　司宪与中丞并设

五代台制，新旧史记载不全。我们把散见在本纪列传上的汇集起来，可以知道：梁太祖把御史大夫改做司宪，而在司宪之下仍设中丞。《唐书·崔沂传》：“入为御史司宪，纠缪绳违，不避豪右。”《晋书·王权传》：“梁祖革命御史司宪表权为侍御史，俄拜御史中丞。”是也。然而御史大夫也不是没有的。《梁书·末帝纪》说，检校太傅朱友能兼御史大夫、上柱国，列爵为王。这或许是，贞明以后改制吗？——不然便是兼衔。

第二节　中丞主台的实制

后唐官制多沿唐旧，御史大夫虽置而不常设。明宗天成六年以李琪为御史大夫，这算是仅见了。但还不上两月，为着安重诲事件，辞职不干。便改命卢文纪为中丞，主持台务。大夫一职就此告终了，历晋汉周都没更变。

第三节　台臣出外的限制

后晋高祖天福五年，以御史中丞系清望之官，特地提高品秩，由五品升做四品；七年把他列入令文。少帝开运三年，令御史除准式请假外，不得以细故请假离京，除差推案外不得以诸杂差遣出外。他的原因，是关系在颜衎的一疏。《宋史·颜衎传》说：

朝臣才除御史，旋授外藩宾佐，复有以私故细事求假外拜。州郡无参谒之仪，出入失风宪之体，渐恐四方得以轻易，百辟无所准绳。请自今藩镇幕僚勿得任台官！亲王、宰相出镇，亦不得奏充宾佐，非奏敕勘事，勿得出京，自余不令釐杂务。诏惟辟召入幕，余从其请。

说的便是这些事。

第四节　省郎知杂

五代以来，知杂御史一职，多由省郎兼任。晋高祖天福三年以后，才停此制，诏用御史年资较深的人委充。少帝开运三年，复嫌仅由御史知杂，纪纲未峻，改由省郎中选任清慎强干一人知杂。汉周相沿未改。汉李知捐以左司郎中兼御史知杂，便是一例。

第五节　割据诸国的台制

五代割据诸国，关于御史制度，所可知道的：各国皆设中丞，只燕刘守光曾设御史大夫。南唐虽设御史，但在李煜乾德以后，却把御史台降称御史府，想要借此尊崇中央，稍示区别，这是特例。

第六节　政绩述评

五代诸藩割据，算是一个军政时期。那时武臣的权力极重，台臣监察几等具文。梁太祖时候，符彦卿在京都天津桥外摔死犯道的人民，御史司宪崔沂提出弹劾，太祖还替他出脱，结果仅仅降阶做游击将军了事。符氏方面，反声言“有得崔沂之头者赏百缗”，跋扈的状态，跃跃如绘。后唐安重诲在御史台门外杀死殿直马延，台臣畏怯不敢说话，激得大夫李琪只好三上辞呈，引咎去职。后晋张彦泽惨杀属官张式，御史中丞王易简率带三院台臣诣阁交章论罪，高祖也只用了“不报”两字消极对付他。这样看来，据乱的监察，未免无聊得可怜。

但在琐细仪节方面，他们却很讲究：比方后唐庄宗同光初年，崔协拜御史中丞的时候，宪司举奏，每以文字错误受罚；末帝时候，中丞卢捐要矫正宪司颓废，反因奏里有“平明启钥，日出守端”的话，被人讥笑，说他词理欠亨。舍掉宪台的大体不说，只晓吹求文字，他的结果当然会同唐明宗所说：“丧乱孔多，纪纲隳紊，霜威扫地，风宪销声”了。

入周以后，稍为整饬纪纲。周世宗显德二年，诏说：“御史台官，任处宪纲，是击搏纠弹之地，论其职分，尤异群臣。”先把他地位提高，然后实行弹劾的权力。“凡逐官内所启发弹举者，至月限满合迁转时，皆责中书门下先奏取进止。”证之事实，如显德三年，中丞杨昭俭知杂赵砺侍御史张纠都因鞫狱失实停职；陈州刺史陈令坤只因侍御史率汀按劾，便至流配。由是皂白分明，纪纲整肃，同时闽越御史中丞刘赞也因居职不曾纠察受笞，这些在据乱期中，确是很少见的。

【第十一章】

监察的复兴时代——宋

第一节　宋的虚大夫制

宋时御史也分三院，名虽由御史大夫主持，而其实权则在中丞手上。御史大夫不是正员也不常设，只是一个加官的空衔。这个和唐制一样，我们可以加他一个名称，叫“虚大夫制”。

原来宋官不算正员的，有检校、兼权、试秩三种。除试秩和这里无涉外，三公、三师、仆射、尚书等职，多是检校；御史各职，多是兼权。但在初时御史大夫也有检校的。元丰改定官制，不但废除掉检校御史大夫，而且通通把宪官改授实职。不过御史大夫一职，仍是始终没有除过。

中丞是事实的台长，员额一人，原有一定的资历。若是才识可用，资历不够，便先除谏议大夫，即以谏议大夫名义兼权中丞事务：这是宋初的旧例。神宗熙宁五年，邓绾当知杂御史和龙图馆待制。朝廷要把他升做中丞，便要“非次”超升谏议大夫，才得兼权；但这在宋朝事例是叫做“越级”。因此王安石便叫邓绾率性只用龙图馆待制名义，兼权中丞，打破了中丞的要经谏议的成例。元丰官制行后，所有宪职皆成职事实官，非用本官不得视事：由是兼权之制，也一起破除。

第二节　御史事例

御史执掌监察，大事廷辩，小事奏劾，这是通例。但在宋时还有几个特点：

1. 台谏权限不分

宋前御史和谏议的分际很严：御史主弹劾，谏议主论争。所以拾遗补阙，名叫“侍臣”；御史中丞名叫“法吏”，分工合作，很有法治的精神。到了宋朝以后，御史可以兼论朝事，谏议也可以兼任奏弹，事权混化，这便是“台谏”两字连合一起的由来。孝宗淳熙十年，林粟请置左右补阙专任谏正，不任纠劾，这才把谏官划出监察门墙之外；然而台官仍是兼任廷诤的。

2. 御史未能独立

御史大夫在唐时虽然也是兼职，然而台主中丞，仍然独立。宋初御史长官，全由他官兼摄。邓润甫以宰相属官兼任台长，徐禧以舍人院吏兼任中丞，对于行政之监察事宜当然有所拘忌。钦宗靖康元年，诏令宰臣不得荐举台臣，这便是预防他们朋比为奸和挽回积弊的意义。

3. 监察自身的监察

前代御史系监察的最高机关，他们只受君主的统制，别的机关都管不了他。宋时便不那样，尚书省曾有“掌奏御史失职”的权能。神宗元丰六年，又在尚书省里面，设立都司御史房，专任弹劾御史按察失职事件。元丰七年又在都司御史房置簿，记录御史六曹纠察多寡当否，岁终比较成绩高低，取旨升黜。理宗复诏置籍中书，记录谏官御史言事，岁终比较事绩考成。这么一来，御史的言论和举动处处都受制限，便未免有吹求苛细免应格律的毛病。

4. 台臣兼任讲官

旧时御史都不兼任讲官，宋仁宗庆历四年，为着御史中丞贾昌朝擅长讲说，特令破例一为。自此便沿为例，但这还是临时聘充的。南渡以后，御史中丞王宾奏请重开讲筵，高宗即令他兼讲，由是王唐、万俟卨、罗汝楫等都叠主讲筵，但这还只是限台长一个。绍兴二十五年，董德元仅以侍御史资格，也得参与讲筵；隆兴二年台臣尹穑便不但参与侍讲，而且也兼任说书了。

第三节　三院组织的内容

宋的三院，仍用唐制：（一）台院——侍御史；（二）殿院——殿中侍御史；（三）察院——监察御史。现在把他分说在下面：

第一目　台院说要

宋时中丞以下，只有侍御史一人，还是或有或无不皆设置的。他们掌辅助中丞“纠察百僚奸匿，肃清朝廷纪纲”。

中丞的除授资历，前已说过；侍御史定例要由监察御史转迁。

第二目　殿院

宋时殿中侍御史只有二人，定例由侍御史升授。掌“纠百官仪法”。大朝会、祭祀、六参，各种时候，他俩便对立朝班，纠察失仪。

真宗咸平四年，却令殿中侍御史在前列事件以外，还要兼任文武臣的“左右巡”，神宗元丰以后，又叫他们兼办“察事”——也叫“察案”。由是殿院的权职，便侵入察院范围以内。

第三目　察院

宋初置监察御史六人，宁宗庆元以后只置三人。他的政制：

（甲）职守

监察御史掌纠察六曹百司的谬误，大事奏劾，小事随时纠正。并以拜跪、书札、察验参谢官的老疾。人民控诉官吏事件，经过郡守监各级还未伸雪，他便替他直牒阁门上殿论奏。所谓监察“里行”，便是官卑可以入殿的意思。

至于监察得兼论事，这也是唐以后才有的。宋神宗元丰三年，明令监察御史里头，三人分领察案，三人分任言事；他方面又令殿中侍御史兼察曹司，监察御史兼言得失，把谏臣察院殿院搁做一团，没有分别。徽宗崇宁二年，省臣申明台官职在绳愆，这才停止了言事之例。但没多久，察臣胡舜陟，又在靖康元年，奏说：

监察御史，自唐至本朝皆论政事击官邪。元丰、绍圣著在令甲。崇宁大臣欲其便己，遂更成宪。乞令本台增入监察御史言事之文！

钦宗准奏施行，察院权限便又扩充了不少。

（乙）升转

察官升转资格，原没一定。神宗熙宁二年诏由中丞奏举不限资格，便是实例。三年时候，选人李定只因奏对称旨，便拜御史里行，省臣诧异起来，至于封还诏书不肯草制；但选人"擢察"之例，却由是开始了。直至孝宗乾道三年，才定下非经两任县令不得除授监察御史。

第四节　监察杂差

宋制台臣，除上列外更有：

1. 检法官

主检详法律，宋初置。高宗绍兴中，诏由殿中侍御史奏辟。

2. 主簿

汉时即有此职，系以孙宝为之，以后便无闻了。隋大业中，始再置。唐贞观中，以名流张弘济曾任此官，遂为美职，掌台中杂务、公廨、厨库。宋置一人，掌受事、发辰、勾稽、簿书。

3. 推直官

宋初置，专治狱事，有台一推、台二推、殿一推、殿二推那些名目。好像是分庭二审的。真宗咸平中，置官十员，元丰以后罢。

4. 五使

宋初置。元丰以后更正官名，定官分职，“使”的名目便被取消。但在初置时候，有：

（1）廊下使　专掌入阁监食；

（2）监香使　专掌国忌行香；

（3）监祭使　专掌祭祀仪法；

（4）左巡使　专掌巡视文臣朝班及告假禄料等；

（5）右巡使　专掌巡视武臣朝班及告假禄料等。

第五节　知州的设立和察臣的临时派遣

《日知录》里有一条引叶适的话说：

五代之患专在藩镇。太祖思靖天下，以为不削节度则其祸不息；于是置通判以监统刺史而分其柄，命文臣知州事，使名若不正义若不久者以轻其权。

接着他自己也推断说：

宋初本有刺史而别设知州以代其权，后则罢刺史而专用知州，以权知之名为经常之任。

这样看来，宋的外官，实在过于没有系统了。原来刺史在前代原是监吏之官，隋以后才变做临民之吏。宋初经过一番改革，便只“块然徒守空城受词讼”，连临民之权都不得专。太宗太平兴国时候，诏废支郡，根本便没有刺史这个官名。跟着监察的责任，也变成没有专属。据《宋史》所载，有：

1. 转运使

太平兴国元年诏诸转运使纠察吏之能否第为三等，岁终以闻，是转运使也可以兼任察吏的事务。至仁宗庆历中，便径直由他兼任按察使了；但这都不是常例。

2. 观察使

唐的观察使原是察吏之官。宋初沿袭唐制，也有观察使这个名目，但多由他官“遥领”。所以《续通志》说他“有其名而不有其权”。

3. 按察使

设废无定。

4. 外任御史

这是察院临时派往州郡巡视的。

第六节　政绩述评

宋时台谏的权际不分，台官事绩见诸言事的多，见诸察吏的少，处事模棱，绝鲜风宪。仁宗皇祐时代，政治也可以算是清明的了，然而御史孙抃在皇祐五年手疏里，说：

方今人士，以善求事为精神，以能讦人为风采。捷给者谓之议论，深刻者谓之有政。

张昇为御史中丞，被人称做“指切时政无所畏避”了；他也说：

陛下之臣持禄养望者多，赤心为国者少。

风宪的松懈，可见一斑。神宗元祐以后，朋党大兴，御史大臣也卷入党同伐异的漩涡里面。黄履为御史中丞，报复仇怨，元祐党人无一幸免。与蔡确、章惇、邢恕交结，被人称做“四凶”。自是以后，御史弹劾多以党见为标准。宁宗庆元元年，至于下诏台臣论奏不得更及旧事，盖亦深鉴于党见之贻害了。别的，吴执中为御史中丞勾结蔡京，卢航为御史中丞勾结童贯，龙如渊为御史中丞勾结秦桧，只晓得挑剔异己，做门户的走狗，他的眼里哪里有“风宪”二字？理宗时候，贾似道当国，便利用这个弱点，特地铨遣庸懦，充任台臣。弄得弹劾不敢自由，只好向着远州太守或州县小官，“毛举细故，虚应故事”。监察的威权日趋低落，一直到了亡国才止。

里头号称得人的时候，像包拯、吕公著、司马光、苏辙等，充任台官，都饶有声誉。邵康节为中丞，被人称做“真御史”，和富、韩的宰相，欧阳修的内翰，通叫“三真”。孙抃为中丞，荐拔无私，尝说：“昔人耻为呈身御史，今我岂荐识面台官？”一时传为佳话。

【第十二章】

辽金监察的仿制

第一节　辽制举要

第一款　南北面官的分立

辽的官制，原分南北两院。北院“治宫帐部族属国之政”，叫北面官，也可以说是他们的本色官。南院“治汉人州县租赋军马之事”，教南面官，这是模仿汉人才设的。世宗兼并燕代十六州以后，便有南面各官。太宗入汴，兼制中国，南面之官才备。御史台便是南面官的一种。

第二款　台司的歧形并峙

辽的台长官也叫御史大夫，副官也叫中丞，属官也叫侍御史，同列一台。台外另有一个殿中司，其实即是唐宋的殿院，不过不曾独立罢了。司里的长官叫殿中丞，管辖尚舍、尚乘、尚辇、尚食、尚衣五局。各局又设一个奉御主理。说起奉御这官儿，唐宋也不是没有的；但他只在殿中府里办理杂务，全和监察没有相干。辽制却把他列入司中，算做监察官的一种。

第三款 监御在京在州的不同

上面所说都是本台的组织内容，说到外台的州郡监察，辽时是这样的：

1. 在诸京的：有（甲）五京处置使、（乙）中京按问使两种。

2. 在方州的：有（甲）观察使，他和京使都设有“司”。

以上两种都是常设的。

（乙）分决滞狱使 圣宗统治三年邢抱扑等五人、马守瑛等三人分决诸州滞狱便是。

（丙）按察诸道刑狱使 圣宗开泰五年遣刘泾等分路按察刑狱便是。

（丁）采访使 太宗会同三年，以干骨隣为采访使便是。

以上三种都是临时配遣，没有专官。

第四款 政绩述评

辽御史大夫只是“三师”的一员，和监察职务原不大相关。中丞虽以监察为专职，但在治狱以外，也很少成绩可言。史载耶律俨为中丞，诏察上京滞狱多所平反；萧思护由中丞迁御史大夫，亦以穷治诸王之狱称旨；这便是他的例证。州郡方面：史志所称某某平理庶狱采摭民隐的很多，其实也只注目在刑狱一门。

第二节　金制发凡

史志虽说“金景祖始建官属，自成一国”，但还不脱酋长时代的遗留。熙宗更定官制，这才辽宋并用。海陵正隆以后，又把官司分做院、台、府、司、寺、监、局、署、所九个阶级，模仿宋制，借着吸收汉族的文明。

第一款　台的组织

辽的御史，便是前面所说九个阶级里面的“台”。台的内容是：

1. 台长

御史大夫和中丞是，但都没有定额也不常设。他的执掌是（一）纠察朝仪，（二）弹劾官邪，（三）勘鞫公事，（四）覆谳大狱。

在大夫制底下，中丞不过是个副贰，原没用印的必要。世宗大定廿四年，铸造中丞印信，使他可以独立办事，这在前朝是没有的。

2. 台官

侍御史、治书侍御史、殿中侍御史是也。侍御史定额二人，史志说是“掌奏事判台事”，既名曰“判”，那末，在大夫中丞阙额时候，当然可以代理做台里的主人了。治书侍御史定额也只二人，他的职务和普通侍御没有多大分别。殿中侍御史仍是二人，他的职务是掌理纠察朝仪和百官请假事项。官僚告假，要向他说明理由，具“奏目”进奏。天子坐朝的时候，他俩还要分立龙墀维持秩序。

3. 吏员

金时御史台的属吏有：

（1）典事二人　即唐宋的主簿，掌理文书。

（2）架阁库管勾一人。

（3）检法四人　宋时亦有此官，即掌勾稽簿籍者。

（4）狱丞一人　看守台狱。

（5）令史女真籍十三人，汉籍五人。

第二款　监察御史的选授和年资

金制关于监察御史方面，规定颇多。现在把他分做执掌、升黜、年资三方面来说：

一、执掌

金的监察御史共有一十二人，分掌下面各种事务：

1. 纠察内外非违，刷磨诸司。

2．察账（稽核财政）。

3．监祭礼。

4．出使（巡视州郡）。

二、升黜

金监察御史原由尚书省疏名进呈选授。他的升黜也由尚书。台长不过保留着考核叙列“解由”送省之权。章宗即位，虽曾改革旧例，令御史可以举台官，也可自行奏罢，但不到明昌二年便又复古了。里头稍微不同的，只是台官缺出，台长可以拟择三人送省圈定罢了。

宣宗贞祐二年，制定监察御史的《黜陟格》，以察得小事五件大事十件为“称职”；察数不及而又没有切，务为“庸常”；所察事件有两件以上不实，便为“不称职”。称职的升擢，庸常的临时取旨，不称职那只有降除了。

三、年资

金监察御史，颇重年资。世宗大定二十七年以前，监御人员定例要在六十岁以上。后因他们多至年老废事，才设定一个例外，倘是廉干人员，虽在六十以下也得选取。

第三款　属院附记

金时受台官管辖的，还有三院：

一、登闻检院

掌奏尚书省、御史台理断不当事。

二、登闻鼓院

掌奏御史台、登闻检院理断不当事。

这两院原是“奏御进告”御史的机关，宋时都属门下省。金制即把他附属在御史里面，这是很特别的。

三、审官院

金制除授随朝六品、外官五品以上，都要送到审官院审查，补阙、拾遗虽在七品以下，但以职务重要也要送审。倘审有拟注失当的所在，便上御史台官论列。

这审官院创设在章宗承安四年，终止在卫绍王大安二年，存续期间不上九年，这是很可惜的。撤废以后，他的审查职务，便并入台官。

第四款　察郡的官司与风气

第一目　官司的变迁

金时监察州郡的官吏，于御史以外，还不时派遣他臣，分说起来，便是：

1. 审录官

金制每州设置刺史一人，纪纲全州事务，并随时派遣监察御史和审录官分诣诸州考核。熙宗天眷三年，温都思忠廉问诸路，得廉吏杜遵晦以下百二十四人，贪吏张轸以下二十一人，这便是他的成绩了。

2. 暗察御史

有时为着预防矫饰，派遣密使，微行州郡，叫“暗察御史”。和诸郡察官并行不悖。这便是“暗察明访”的来源。但这都是临时委任，不设专官的。世宗对人说：“常设访察，恐任非其人，以之生弊”，便是重要的理由。

3. 提刑司

到了大定二十九年，世宗又设置提刑司，分按九路刑狱；同时采访的事务也由他兼行。

4. 按察司

章宗明昌四年改提刑司做按察司，由是监察渐有专职。

5. 御史巡视

宣宗贞祐二年南迁以后，各州政务愈多，监察事情归由御史担任巡视。起初还不过一年一巡，兴定元年以后改做一岁两巡，并于监察御史以外，更令他官巡访但这都是后事，暂且不题。

6. 监察采访使

贞祐三年，又以按察司空立机关没有成绩，便把这个“司”撤废了，只留下监察采访使一人，掌察刑狱以及纠劾滥官污吏豪猾，巡查私盐酒面诸务。同时廷臣也要求恢复监御史、审录官分察诸州的旧例，由是“明访暗察”的故事，又稍稍兴复起来。

7. 司农分察

哀宗正大元年，设置司农，令卿以下的朝官，都要出外巡行察吏。监察之网，遂入了最密的一个时期。

第二目　镇静风气的移转

金初监察风气以“镇静”为主，这是受了世宗的影响。他说：“大臣时出，郡县动摇，谁敢行事？”又定下监察的考格，把镇静知大体的叫“称职”，苛细暗大体的叫“不称”。弄得各路官吏都放纵自由不知畏法，巡按按期出视，也不过奉行故事而已。

第五款　御史的督责和保护

金时对待御史很严，他的权职又很重，所以监察颇有成效。世宗大定二年敕御史台检察六部文移稽迟失当，打破官僚窳腐的恶习；又敕三公以下善恶邪正，御史皆当审察，借以打破朝贵的瞻徇；这都很有振作的气象。倘是官吏发现贪污，纠弹之官知情不举，便要减犯人一等推科；倘是不知情而失察，又要以怠慢治罪。这是世宗大定九年，和章宗泰和四年明白规定过的。

另一方面，又定下保护的方法：如章宗明昌四年，令御史台奏事，虽是修起居注官，遇着也要回避。宣宗贞祐五年，又诏监察御史有所弹奏虽是同列也不得与闻。这都是为他保守秘密的缘故。

至御史不与外人见面的禁制，那是章宗即位时候才改定的。那时御史台官奏说：

御史不与外人相见，亲王宰执怙势之家，倘有私弊，何从访知？民间利害，官吏罪恶，亦何从得见？

章宗览奏，便把禁令放松，准许台臣接见四品以下的官员；但三品以上大官，仍是不能晤见的。

【第十三章】

元代监察的异制

第一节 总说

拓拔氏发祥在蒙古地方，部落散处，原没宫室城郭的可言。所以政治极形简陋，尚在初民榛狉的时期。他们把主军旅的叫“万户”，主刑政的叫“断事官”，只要数人便够管理，自然没有甚么监察机关了。吞并金国以后，便渐渐沿用金官，和中原文化接近。世祖即位，汉人刘秉忠、许衡为他拟定官制，设中书省总政务，枢密院总兵柄，御史台总黜陟，才成立了中枢的三大机关（明三府本此）。

第二节 本台组织的内容

元御史台创立在世祖至元五年，主纠察百官善恶政治得失，这个都和前代一样。

他的职属有御史大夫二人，中丞二人，典事二人，检法一人，狱丞一人，经历一人，照磨一人，架阁库管勾兼承发一人；但都时有时无，不能定准，比方御史大夫，原先就只一人。

他的属司有二：

一、殿中司

沿用辽名，其实就是唐宋的殿院，里头有殿中侍御史二人，治书侍御史二人。他的职属，又有知班、通事、译史各一人。所掌事务如下：

1. **朝仪**　大朝会百官班序失仪失列，便纠罚他。

2. **假告**　在京百官到任假告等事，出三日不报，便纠举他。

3. **奏事**　大臣入内奏事，他便随入宫廷，有不可与闻的人，便纠避他。

二、察院

元的察院，虽然附在御史台里，却不受他的统制，算是一个独立机关，专司“天子耳目”。共有监察御史三十三人。（《元史》作三十二人，依《通典》改。查至元五年置十一人，八年增六人，十九年增十六人，适如前额。）他的属员，各有书吏一人。

第三节　御史行台的创制

唐肃宗至德时候，有个东京留台，以中丞为台长。宋都汴京时候，在西京洛阳也设立留司御史，名叫西台。这便是行台的远祖。金熙宗皇统二年，也曾制定行台官品，不过《金史》简略没有甚么记载罢了。元世祖十四年，为着江南政务纷杂，便置行御史台，外统宪司，内比内台，别开监察的生面。二十七年增置陕西诸台行台，顺帝至正二十五年又增福建分台一所，现在把他分述如左：

（一）江南道行御史台亦称南台

正官

大夫一人　中丞二人　侍御史二人　治书侍御史二人

属官

经历一人　都事二人　照磨一人　架阁库管勾一人

承发兼管勾狱丞一人　史令十六人　译史四人

回回掾史二人　知印二人　通使二人　宣使十人

典史　库子　台医无定额

察院一署

监察御史二十八人　书吏二十八人

监察江南湖广三省，统制浙东十道。初设扬州，继设杭州，又迁江州，终迁建康。顺帝至正十六年，移至绍兴。

（二）陕西道行御史亦称西台

正署各官略同南台

察院一署　　监察书吏二十八人。监陕西一省，统制汉中、陇北、四川、云南四道。初设云南，后移陕西京兆。

（三）福建分台

顺帝以后，变乱时起。湖南、湖北、广东、广西、海北、江西、福建等处，文书送至南台，风信不便，直送内台，又无先例。御史大夫鄂勒特穆尔便奏在福建设立分台，再由分台转奏入内。官制未详。

第四节　台道的监察和分配

元时临民长官，分做路、府、州、县四级，各有“达噜噶齐”（译言令长）主持事务；但皆受“行省”的监督。尤其行台是“监临各省统制诸道”的专官。甚么叫行省呢？那便是由内省分出的行辕。甚么叫“道”呢？那便是提刑按察司巡视的区域。元初只有四道。（一）山东西，（二）河南北，（三）

山北东西，（四）河南陕西。以后逐渐增加，并颁定按察司巡行郡县法例。至世祖至元廿八年已有二十二道了；同时改按察司做肃政廉访司，每道设正使二人，副使二人，佥司四人。正使留京常住，余官按时分巡，无论民事钱谷官吏奸弊，都归他们视察。年终台省派员考核成绩；同时行台大臣，也回京报告举劾数目一次。

现在再把各台的辖地，列表在下面（这表是福建分台未设以前的情况）：

台别	道别	置司处
内台八道	山东东西道	济南
	河东山西道	冀宁
	燕南河北道	真定
	江北淮东道	扬州
	山南江北道	中兴
	淮西江北道	庐州
	江北河南道	汴梁
	山北辽东道	大宁
南台十道	江东建康道	宁国
	江西湖东道	龙兴
	江南浙西道	杭州
	江南湖北道	武昌
	浙东海右道	婺州
	岭北湖南道	天临
	岭南广西道	静江
	海北广东道	广州
	海北海南道	雷州
	福建闽海道	福州

西台四道	陕西汉中道	凤翔
	河西陇北道	甘州
	西蜀四川道	成都
	云南诸路道	中庆

第五节　监察事例

第一款　蒙汉的歧视

元时种族之见甚深，政军大臣非蒙族不用，尤其忌嫉汉族中的南人，所以当时有“南人不可为相”的话。反映在监察上面的，便是御史大夫须用国姓。至于次要的御史，反限定只用汉人，借着掩饰耳目。顺帝时候汉人贺惟一真除御史大夫，可算是一种殊遇。但还要赐姓拓拔，更名太平，保全这个习惯。御史方面，在至元十八年早就依了崔彧的话，参用蒙人，不属汉人的专利了。

但汉人中的南人，还被他摈在台司门外。至元廿三年，学士程文海奏说，省院诸司皆有南人，御史台按察司不必殊异。世祖便令文海由侍御史权行台事，采访江南士人。由是一时知名，如赵孟頫、赵孟适、叶李等二十多人，都登台选。

第二款　台选的独立

台官的选任，元初没有规定。世祖至元十九年，中丞崔彧为着旧时之选权出中书，未免有偏党的弊洞，便令省台独立一选。台臣用舍之柄，都属大夫；只肃政廉访司，还有由省臣请求内旨特用之例。到了成宗大德十一年，御史要求完全停废。成宗答他说："若此者，卿等当执勿与！"自是台选便完全独立，虽以皇上制尊，也无由干与了。

第三款　风宪的尊严

元时御史，颇受倚重。世祖丞相僧格恨御史不肯帮忙，在世祖面前说他"戆傲沮法"。世祖反奖重了他，说这样才算尽了御史的职务。随后僧格的罪迹暴露了，世祖又以台臣知情不肯说话罢黜很多。这样看来，世祖对于台臣的权责，确是丝毫不肯假借的。

英宗即位，也令御史大夫振顿台纲，下诏说：

朕深居九重，臣下奸贪，民生疾苦，岂能周知？故举卿等为耳目。

这是重视台臣的一个表示。顺帝时候，亲王阿鲁图给御史污蔑了一场。阿鲁图不肯计较，还说：

今御史劾我，我即宜去。御史乃世祖所建，我与御史抗，即与世祖抗。

便辞去相位不干。这虽未免矫枉过正，但当时倚重的情形已可概见了。他的反动方面便是权臣屡想推翻祖制，减轻御史的威权。《元史·廉希宪传》有这么一段：

呵哈玛言庶务责成各路，钱谷责之转运，若必任御史绳治，事何由办？希宪曰：立台古制，裨益国政，无大于此。若欲罢之，必上下专恣，贪暴公行，而后可耶？

《续通鉴》里头也说：

江淮省臣有忌台察者，欲行台隶行省，诏廷议。兵部董文用持不可，曰：御史台譬如卧虎，虽未噬人，人畏其虎。一旦摧抑，则风采尔然。遂罢。

这都是当时想要摧陷台臣的痕迹。

第四款　台臣遭陷之多

元的丞相大臣，被御史弹劾去职的固然很多；但受他的反噬，也不少。世祖至元时候御史陈天祥为弹劾纳苏穆尔贪暴下狱，南台中丞刘宣为弹劾蒙固岱悍恣自杀，同时台臣坐罪的且至六人。仁宗时候，中丞杨多尔济为弹劾特们德尔奸赃被杀，顺帝时候西台范文、刘希等为着弹劾额特穆尔丧师辱国贬谪外郡判官。中台大夫老的沙为着弹劾宦者托欢畏罪逃避。同时傅公让、陈祖仁等也坐是左迁了。

第五款　察吏政绩

州郡方面，成宗遣使巡视天下罢黜贪赃一万八千四百七十三人，审察冤狱三千一百七十件；顺帝时候廉访使苏天爵、中丞定定巡视京畿，罢黜九百四十九人，兴除七百八十三事，给人称做"包韩"。这些都是很可惊人的数字了。然而吏治的昏庸，却不见得减除了多少；史里头说："英宗承平日久，内外以观望为政。"又说："顺帝用人非次，不作伦纪，诸道奉使皆与台谏交相掩弊。"吏治的不振，怕就是这些原因？

第六款　台司人品

世祖至元时候，董文用做中丞，胡祗遹、王恽等十多人充监察，徐琰、魏初充行台中丞，一时称为"极选"。顺帝时候，额林沁巴额做御史大夫，尽选中外廉能置诸风宪，一时称为"得人"，拔茅连茹这是一定的事例。

当时御史大臣的品节，好的如大夫布哈尔、福寿，中丞穆丞均能为国殉难；坏的便如多尔海、特克锡竟至以御史大夫谋逆弑帝了。

【第十四章】

都察院的监察时代——明清

第一节　明

第一款　台察的合并

明时有“三府七卿”的名目。三府便是中书、都督和御史；七卿便是都御史和六部尚书。太祖尝说：“国家立三府，中书总政事，都督掌军旅，御史掌纠察，朝廷纪纲尽系于此，而‘台’‘察’尤清要。”这可想见当时对于御史的重视了——台是御史台，察是察院，入元以后本已分立。太祖洪武十三年罢御史台设都察院，便把台察合并为一个机关。

第二款　都察院组织的内容

都察院的长官为都御史。洪武十八年，置：

左右都御史各一人，同于前代的大夫；

左右副都御使各一人，同于前代的中丞；

左右佥都御史各一人，同于前代的侍御史。

他的属官有：

经历一人，都事一人，司务厅司务一人，司狱司司狱一人。

至于前代的治书侍御史、殿中侍御史等职，在洪武九年未经设院以前，早就裁废，归由监察御史管理。

惠帝建文二年，复设御史府置御史大夫，并分监察为左右院，想要回复台察并立的局面。不久，成祖建极，便又遵循洪武旧制，一直沿用到清都没更换。

第三款　都御史的职权

明都御史的职权，概括说起来，只是“专纠百司辨明冤枉”八个大字。具体些说便是：

（1）凡大臣奸私构党作威福乱政者劾；

（2）凡有官猥茸贪冒坏官纪者劾；

（3）凡百术不正上书陈言变乱成宪希进用者劾；

（4）朝觐考察同吏部司贤否黜陟；

（5）大狱重囚会鞫外朝同刑部大理谳平；

（6）奉敕内地拊循外地各专其敕行事。

第四款　院官的选补

明朝选官的途径，（1）进士，（2）举贡，（3）吏员，这叫做“三途并用”。但台官职居清要，单用吏员是不行的。永乐时候，吏部选用南京御史，有些只系吏员出身。成祖察知便行革斥。并封吏部说：“御史纪纲朝廷须有学问，……”下令不得再用吏员。因是风宪流品，渐臻严肃。

他的简拔，有“考选”“行取”两途：考选由进士举监，行取由推（推官）、知（知县）、行（中行）、博（评博）。但皆有“试补”之例，通要试职一年，才得实授。此外还有上官荐引、吏部铨升各种；倘会认真起来，未始不是得人的途路。

第五款　各道监御的职责和道的分配

明代地方制度分府县两级；州的直隶者同府，散州同县。皆受都察院的监察。各道监察御史直属于都察院，名额之多有至一百一十人的，这可说是极一时之盛了。现在把他分说在下面。

第一目　监察总纲

各道监察御史的职权，据《明史》所载，是“纠察官邪，明密奏劾”。但在奏劾时候，要注意下列各点：

（1）明著事迹；

（2）开写年月；

（3）毋虚文泛诋！

（4）毋讦拾细琐！

定例每年八月出巡，事毕归院。由都御使以上列标准覆劾成绩。

第二目　京外权职的不同

各道监察御使的纠察总纲，前面已经说过。但他们的办事细目，却因在京在外有所不同。分说起来，便是：

（甲）在京的

明初定鼎南京。成祖迁入北京，仍以南京为陪都，设立特别官职，留置右都御史、副都御使、佥都御史各一人，和北京约略相同。因此监察御史对于南京也有特别任务。现在再把两京监察御史的所管事件，分说在下面：

（1）两京刷卷；

（2）巡视京营；

（3）监临乡会试及武举；

（4）巡视光禄、仓坊、内库；

（5）巡视皇城五城；

（6）轮直登闻鼓；

（7）朝会纠仪；

（8）祭祀监礼。

（乙）在外的

在外监御机关，初称行在都察院。英宗正统以后除去“行在”二字，只称都察院，便和京职相同。他的办事细目是：

（1）巡按　这是他代理天子巡视四方的最大节目，所以当时有“代天巡狩”的名衔。所至审录罪囚，吊刷案卷，大事奏裁，小事立断。

（2）清军　偕兵部兵科共同办理。

（3）提督学校　这个也两京才有。

（4）提督操江　以副佥都御史为之，领上下江防事。

（5）巡盐　两淮、两浙、长芦、河东等处均有。

（6）茶马　只限定陕西一道才有。

（7）巡漕巡关　宣宗宣德四年还特别关钞御史，专管关务。

（8）偕运印马　这是临时派遣的。

（9）监车　同上。

（10）杂差　英宗正统十一年，令御史柳华讨矿盗；景帝景泰四年令御史徐有贞治沙湾决河；天顺三年命御史采珠广东，这些都是。

第三目　各道的配置

明时共分中国为十三道，设置一百一十个道员，分掌各道。

（1）浙江道

（2）江西道

（3）河南道

（4）山东道

以上道员各十人。

（5）福建道

（6）四川道

（7）广东道

（8）广西道

（9）贵州道

以上各七人。

（10）陕西道

（11）湖广道

（12）山西道

以上各八人。

（13）云南道

道员十一人。

第四目　藩臣兼衔御史

明的行在都察院御史，有的由藩臣加衔兼任，有的由御史外放兼任藩臣，弄得察史问题，有名无实，这不能不算是一个缺点。现在把他分说在下面：

（1）总督

藩臣里头，“辖多任重”的特别名叫总督，原用尚书侍郎简放；但必须兼个都御史名衔，使他可以“方便行事”。

（2）巡抚

巡抚的名目，是由懿文太子巡抚陕西来的。他的职务在于巡视地方和宣布德意，原非常置之官。宪宗成化以后，渐渐变做常员。有时还仗他坐镇一方，便更名“镇守”。但镇守侍郎和巡按御史，职任分歧，品级相若，于移文上很有不便；因此又把巡抚定为都御史名衔。

（3）提督

巡抚有的地方兼任军务便名“提督”。这个照例也要加上都御史名衔。

（4）赞理或参赞

这都是总兵的巡抚的特别名称。都御史的兼衔当然也是有的。

（5）巡视

这是因事特设的专员，多半都由御史外放。

（6）抚治

宪宗成化十六年郧、襄两次流民屡次叛变，朝廷便遣御史出外安抚，名叫抚治。

（7）经略

万历时候，倭寇侵略高丽。神宗便命御史用经略名义督兵援助。

（附案）

《春明梦余录》曰：

天下设巡抚都御史，洪武未有也。太祖不欲以重臣典钱粮兵马。……宣德间令巡抚官八月一赴京议事，盖不欲疏逖以悬机重。……自是则曰整饬，曰提督，曰总制，曰镇守，又复典兵部尚书侍郎之职，兼都御史。百僚群将，俯听一人之谋，似于兼制稍疏；故以巡按参杀之。然表里异同，痛痒不相关，而司锋镝者每掣肘不能自尽。近年失事，并罪抚臣，诚得肯綮矣。

第六款　院臣遭抑的历史

明太祖政尚严苛，御史风气为之一变。当时颇以抨击为能，只有中丞章溢务持大体。成祖时，御史陈瑛尤甚，劾治建文死难臣士，株连数百余家，至两列御史皆为掩泣。他说“不治此狱，则吾辈无名”，是在残酷里头，还夹有其他作用了。自是以后，朝廷每有权臣，御史颇峻立，里头足够称道的有：

周新遇事敢言，不避权贵，被人叫做“冷面寒铁”。

顾佐公廉有威，奏黜不法老疾御史至于三十二人，朝纲振整，百僚畏避。他每次入直，独坐夹室，不与百司攀谈，因此被人叫做“顾独坐”。

杨瑄忠谏名闻天下。论治石亨、曹吉祥罪状，景帝称他做“直御史”。

但这三人，除顾佐以外，周新便为着纠弹纪纲死在他的手上；杨瑄便为着曹、石事故，惨遭榜掠，而且累及同官张鹏、罗绮、耿九畴诸人。尤其李俨只因和王振应对不跪，便要下狱贬谪；汤鼐只因劾及大臣，便受刘吉诬陷。天顺时候，巡抚李藩巡按御史杨琎、韩祺也都是中臣诬奏逮死的。嘉靖时候，御史储良材、郑自璧也因了“权幸侧目”便遭黜斥。诸如此类，俯拾皆是。

最明显的，是刘瑾用事，好摧台谏。都御刘宇便附和着他，每借小事笞挞台臣，挫折正气。张居正为相，存心痛抑御史，“事小不合，诘责随下”，遂使监察的威严降落，院臣成个冗员。

更有一事，便是世宗嘉靖时候，托言祖制，下诏科道官互相纠劾，由是吏部可以侵犯监察的职权，院臣备受牵制。神宗万历以后，朋党之见已成，“南北台议论嚣然，各有左右”，风宪的愈趋下况，更不待言了。

第二节　清

第一款　院臣的名职

满清未曾入关以前，都察院衙门里面有参政一员，左右承政两员，理事等官数员，共同办理。入关以后，改用明制，设都察院。左都御史一员，左副都御使满籍汉籍各一员，专掌风宪整饬纪纲。更有左佥都御史和满洲启心郎、满军启心郎等，甫立即废，无可纪述。

右都御史、右副都御史，在清朝全是各省总督和巡抚的坐衔，没有专官。实际上那时监察的全权，都操在都御史手上。他的权限：

1. 政事得失，官方邪正，以及有关国计民生的利害，皆得奏陈。
2. 大狱重囚，协同刑部大理等审谳。

第二款　科道制的由来

清时都察院直辖的有六科十五道。负责六科的是给事中，负责十五道的是监察御史。这便是清朝所谓“科道”制的了。

原来给事中这个官名，自汉朝以来就有了。因为他在殿廷里头办事，所以叫给事中；又为他出入琐闱，又叫黄门给事；又为他是门下省侍中所领，所以又和中书省中书通叫省臣。唐宋以来曾有封驳奏书之权，原是个很权要的官职。给事侍中是省，御史是台，古来台省分途，所以科道也不能合拢在一起。明朝时候，废掉门下省不设，只设六科掌督中书六部事务。御史监察百司职居于外，六科宣行制敕职居于内，仍是风马无关。清室初年还是因沿明制。至世宗雍正元年，诏把六科的内升外转，归由都察院考核，渐开台臣干与六科之例，但也只限铨叙一门。哪知事例一开，渐移默换，台臣竟把六科和各种侍御一律统制起来。由是“科道”便并合一起，成立了这个特别名词。这是清朝院制变更的一个关键，所以不妨在此多说几句。

第一目　六科的工作分配和封驳特权

第一项　工作分配

六科即中书六部的缩写。他的工作分配：

（1）吏科

设掌印给事中，亦名都给事中，满汉各一人；给事中亦名左右给事中，满汉各一人。掌（一）分稽铨衡，（二）注销吏部、顺天府文卷。

（2）户科

掌印给事中，满汉各一人；给事中，满汉各一人。掌（一）分稽财赋，（二）注销户部文卷。

（3）礼科

掌印给事中，满汉各一人；给事中，满汉各一人。掌

（一）分稽礼典，（二）注销礼部、宗人府、理藩院、太常寺、光禄寺、鸿胪寺、国子监、钦天监文卷。

（4）兵科

掌印给事中，满汉各一人；给事中，满汉各一人。掌（一）分稽戎政，（二）注销兵部、太仆寺、銮仪卫文卷。

（5）刑科

掌印给事中，满汉各一人；给事中，满汉各一人。掌（一）分稽刑名，（二）注销刑部、通政司、大理寺文卷。

（6）工科

掌印给事中，满汉各一人；给事中，满汉各一人。掌（一）分稽工程，（二）注销工部文卷。

第二项　封驳特权

六科除了上面列举各职外，朝廷意旨他们认为不便施行的，可以“封还”“执奏”；部院督抚奏章，他们认为未协情理的，可以“驳正题参”；以及朝政的得失，百官的贤佞，他都有权处置，只有大事须待奏覆而已。这样看来，他的监察权力委实比谁都大。

第二目　六掌道的偏劳和十五道的配置

第一项　六掌道和坐道

满清初时有“掌道”“坐道”的名称。掌道为他既察在京诸司，复举本道事务，执掌甚烦，非同坐食，如河南、山西、浙江、山东、陕西、江南六道是也，所以又名“六掌道”，其余各道通叫“坐道”；为他在京坐食，不理本事，徒戴空衔而已。高宗乾隆十四年，厘正官规，按道定额分职给印视事，由是有十五道的配置。

第二项　十五道的职守

清初满洲、蒙古的御史都没分道。高宗乾隆十四年，方才把地方行政区域分做一十五道，指定监察御史分道巡察，但都兼理京职一种以上。

（1）京畿道

设掌印监察御史满汉各一人，监察御史满汉各一人。所掌如左：

（甲）本职 掌理本院事务，及直隶、盛京刑名。

（乙）兼职 稽察内阁、顺天府大兴、宛平各县。

（2）河南道

掌印御史、监察御史员额同前。他的职掌：

（甲）本职　掌理河南刑名。

（乙）兼职　一、照刷部诸司卷宗；二、稽察吏部、詹事府、步军；三、统领五城。

（3）江南道

掌印御史同前，监察御史汉满各三人。他的职掌：

（甲）本职　掌理江南刑名。

（乙）兼职　一、稽察宝泉局左右翼；二、监督在京十有二仓；三、总督漕运；四、磨勘三库月终奏销之数。

（4）浙江道

掌印御史同前，监察御史满汉各一人。他的职掌：

（甲）本职　掌理浙江刑名。

（乙）兼职　稽察礼部、都察院。

（5）山西道

员额同前。他的职掌：

（甲）本职　掌理山西刑名。

（乙）兼职　一、稽察兵部、翰林院、六科、中书科；二、总督仓场、坐粮所、大通桥；三、监督通州二仓。

（6）山东道

掌印御史同前，监察御史各三人。他的职掌：

（甲）本职　掌理山东刑名。

（乙）兼职　一、稽察刑部、太医院；二、总督河道；三、催比五城命盗案牍并缉捕。

（7）陕西道

额员同前。职掌：

（甲）本职　掌理陕西刑名。

（乙）兼职　一、稽察工部、宝源局；二、复勘在京工程。

（8）湖广道

员额同前。职掌：

（甲）本职　分理湖广刑名。

（乙）兼职　稽察通政司、国子监。

（9）江西道

员额同前。职掌：

（甲）本职　分理江西刑名。

（乙）兼职　稽察光禄寺。

（10）福建道

员额同前。职掌：

（甲）本职　分理福建刑名。

（乙）兼职　稽察太常寺。

（11）四川道

设掌印监察御史满汉各一人。他的职掌：

（甲）本职　分理四川刑名。

（乙）兼职　稽察銮仪卫。

（12）广东道

员额同前。职掌：

（甲）本职　分理广东刑名。

（乙）兼职　稽察大理寺。

（13）广西道

员额同前。职掌：

（甲）本职　分理广西刑名。

（乙）兼职　稽察太仆寺。

（14）云南道

员额同前。职掌：

（甲）本职　分理云南刑名。

（乙）兼职　稽察理藩院、钦天监。

（15）贵州道

员额同前。职掌：

（甲）本职　分理贵州刑名。

（乙）兼职　稽察鸿胪寺、宗人府事务。

案宗人府事务原设有宗室御史专任稽察，后以贵州满员监察御史兼任。

第三目　科道杂差

清时科道杂差很多，有察特种事务的，有察特别区域的。分说起来，便是：

（1）巡查京城十二仓，通州中西二仓，科道御史各一人。

岁十月行巡，一年而代。

（2）稽察旗务科道，满籍二人，一年而代。

（3）稽察宗室科道二人，由宗室中派遣，一年而代。

（4）巡视淮安、济宁、天津、通州科道御史各一人，每岁奏请派遣。

（5）巡视盛京、吉林、黑龙江科道满籍御史各一人，五年一代。

（6）巡视归化城、察哈尔科道御史各一人，三年一代。

（7）巡视台湾科道满汉各一人，三年一代。但汉人得兼学政。届期由台臣奏请应否续派。

（8）巡视五城科道满汉各一人，科察奸邪兼听狱讼，二年一代。

除了上列以外，还有：巡江御史、巡视屯田御史等差。这个在顺治初年便停止了。

又有：督理茶马御史。这是康熙初年才停止的。又在雍正初年曾设各省巡察，专稽盗贼，不预地方事务，但不久也停止了。

别的如：直隶巡农御史、山东巡视河湖工务御史、各省观风整俗使、各省宣谕化导使。这都是随事设官，没有定制。

第四目　科道员属

满清科道员属，见诸记载的有：

（1）经历　满汉各一人，掌督察胥吏。

（2）都事　满汉各一人，掌缮写章疏。

（3）笔帖式　满籍二十五人，蒙古二人，汉军五人，六科满洲八十人。掌出入文书事务。

第三款　院臣的选授铨叙

清时科道的选授，随着满汉种族有所不同。满籍科道多系论俸叙升，汉籍全由“行取”。凡是知县政绩优长品行可用的，都得经内外大臣荐擢选用。他的理由，便是圣祖谕里说的：

亲民之官，谙悉利弊，得以据实指陈。有裨政治，且足鼓励人才。

但行取人员，都要经过试俸。试俸一年，若不称职，便改授他务。这个和明制略同。

他的铨叙，有内升、外升、差用、外调、降用、革职六等。前三等是待遇称职的科道用的。外调便是“无所建白”或“才力不及”的人。降用革职那当然是有劣迹了。原初御史内升，还可兼管科道原职。圣祖康熙十三年以后，便把这个革除。既被内升，就要出缺；只有外调道员一种，仍可兼戴原衔。

第四款　言官挟私与被劾反唇的两方的禁制

清太宗崇德八年，诏说：

都察院系朝廷风纪之官，王公大臣办理国政勤惰，应尔衙门稽察。有事应该据实奏闻。

这是清室注重院臣的第一次。但自是以后，渐有挟私妄纠的毛病了。世祖顺治四年，便定下吏部和都察院参奏科道之例。是年科道拾遗等职，被处分的很多。转过湾来，又成个言官不大言事的局面。所以顺治十一年，又下一诏说：

近来言官未有建白切当及纠参显要，皆因惧被罪之反唇仇讦，遂尔缄口。自今以后，凡被论者如有辩处，只许就所奏事款据实剖白。不许反唇仇讦，有乖法纪。

这等制限确是前朝所未有的。同时又起复了科道为着言事罢官的六人，提倡风气。但又怕科道方面或许也会矫枉过正，所以诏里又说道：

言官亦不得挟私诬捏，自取咎戾。其参奏公私当否，或现任或升任，考察京官之时，分别核奏，以为劝惩。

这样一来，言官和被劾方面都可遵循正轨了。可惜数传以后，这等禁制便成具文。

第五款　御史的人才与风气

清时御史得人之盛，如圣祖康熙十九年，吏部亲试科道官姚缔虞、王日温与李迥诸人，皆能“条奏详明，谙知大礼”；二十九年行取彭鹏、邵嗣尧、陆陇其、赵苍璧等十二人，皆能秉正不阿，卓著政绩。尤其是彭鹏、郭琇风纪最严，被人称为“彭郭”；吴琠、陈廷敬能知大体，风气为之转移。他的事迹是这样：

彭鹏为左都御史，辇下肃然，直声满于天下。出任广西巡抚，墨吏望风解绶。

郭琇拜左都御史，辇下栗然。出授湖南总督，一时贪吏皆被劾而去。圣祖尝曰：“能如郭琇、彭鹏不但为当今名臣，后世亦足重矣。”

吴琠为左都御史，尝自戒曰：“司风纪者当养人廉耻，不专以弹劾为能。”即为所参劾之人，亦以清官好官称之。

陈廷敬再领台垣，每诫科道，凡有建白不许预闻堂官僚友，以滋指使属托之弊。又云：“与其生事以塞责，不如省事而择言。盖毛举细故剔摘成规，易至刻薄烦碎。”

这可见清时御史人才与风气的大概了。所以当时科道之制，颇为后代所赞同。

【第十五章】

共和政治的监察

民国成立，创立共和政治，关于监察事务，可以分做北京政府和国民政府两方面来说。

第一节　北京政府时代

在北京政府时代，关于监察的设施，有：（1）文官惩戒委员会；（2）平政院；（3）肃政厅。这可算是差强人意的。这三个机关的分际，肃政厅主弹劾，平政院主审理，惩戒委员会那是处分违职而尚未涉及法律范围的。现在把他分说在下面。

第一款　文官惩戒委员会

这个机关设立最早，第一任会长章宗祥，是民国二年便受委任的。他的类别有：（1）高等文官惩戒委员会，（2）普通文官惩戒委员会，两种。此外惩戒法官的，特别叫做司法惩戒委员会。

他的惩戒处分是：（1）褫职，（2）降等，（3）减俸，（4）记过，（5）申诫，五种。

他的惩戒事件是：（1）违背职务，（2）废弛职务，（3）有失官职上之威严与信用，三种。

他的处分手续是：（1）特任官由大总统交会审查；（2）简

任官由国务院或所属长官呈大总统交会审查；（3）荐任官由所属长官呈国务院转呈大总统交会；（4）委任官由长官直接交会。

接着大总统又颁布《官吏四诫》：（一）偷惰，（二）瞻徇，（三）奢靡，（四）嬉游。倘经戒饬，仍有违反，便加以“上玷官箴，下害风俗”的罪名。

第二款　平政院

平政院创立在民国三年，钱能训、周树模、熊希龄、夏寿康、张国淦等曾先后受委为院长，专管行政诉讼事件。兹将其受理范围，说在下面：

（1）中央及地方最高行政官署之违法处分，致损害人民权利者。

（2）中央或地方最高行政官署之违法处分，致损害人民权利，经人民依法律规定“诉愿”至最高行政官署，不服其决定者。

（3）肃政史提起的“行政诉讼”。

（4）大总统交审事件。

以上积极方面。

（5）除官吏违法处分以外，一切单纯要求“损害赔偿”的案件，均不得受理。

以上消极方面。

他的审庭组织，有庭长三人，评事若干人。董鸿祎、曾鉴、张一鹏便是民三年初次被委的庭长。倘是被告远离京师，又可以就地设立平政院合议庭，以所在地最高法院之司法官及院派评事五人合组之。庭长由院长临时指定。

第三款　肃政厅

肃政厅也是民国三年设立的，专任纠察官吏的违失。有都肃政史为长官，肃政史为员属。但纠弹事件虽只肃政史一人亦可提起，不必经过都肃政史的署名或他员的连署。所以肃政史对外是个独立的，只在内务上面要受肃政厅的管辖而已。

他的纠弹事件，因性质的差别可分为直呈大总统和提出平政院两种：

（1）直呈总统的

（甲）官吏的违宪违法事件；

（乙）官吏之行贿受贿事件；

（丙）官吏之营私舞弊事件；

（丁）官吏之溺职殃民事件。

（2）提出平政院的

（甲）人民因中央或地方之最高行政官署之违法处分致受损害，经过一定之“陈诉”期间尚未陈诉者。

（乙）人民因中央或地方官署之违法或不当处分，致受损害，经过一定之“诉愿”期间尚未诉愿者。

（丙）纠弹事件经大总统认为应交平政院者。

在前甲乙两项的情形时，肃政史得为原告人。

又因事件之性质，有公开弹劾与秘密两种：公劾普通事件行之，密劾则以情节重大未可泄露者为限。

他的弹劾事绩：民国三年肃政史夏寿康弹劾海军总长刘冠雄八款；四年肃政厅呈请取消筹安会纠弹杨度诸人，这算是最大的了；但亦未有何种结果。

第二节　国民政府成立以后

第一款　监院的诞生

民国十六年四月，国民政府在南京正式成立，十七年十月中央政治会议便通过《国民政府组织法》试行五权宪法之治，设立五院。院拟蔡元培为监察院长。蔡氏不就，至十八年九月改任赵戴文、陈果夫为正副院长。虽曾宣誓就职过，究竟有名无实，根本上连监察院的招牌尚未张挂起来；所以同年十月，中央政治会议又有催促国府从速成立监察院的议决。十九年二月副院长陈果夫也由京电致山西敦促赵氏来京，共商监院的成立事件。可是那时阎锡山正在通电反对中央，赵戴文与阎氏有特别关系，正是于右任所说“军阀横行，变乱时作”的时候，设院问题，自然暂且按下不表。直至二十年二月于右任以推补国府委员资格兼长监察院，并由中政会通过刘三、朱庆、周觉等二十三人为监察委员。由是五权政治之监察院，才在二十年二月十六日正式宣告成立；而我们的《监察史略》也在这里可以暂告一个段落。

第二款　监察院的分区监查计划

第一目　分区

监察成立初头，便仿前清御史分道办法，划分全国为十四区。每区设立监察行署，置监察使一人，秘书二人，书记若干人。由监察院长呈请国民政府特派，或即以监察委员兼任。掌任周巡区内各地。他的区分是：

第一监察区	江苏、安徽、江西
第二监察区	福建、浙江
第三监察区	湖南、湖北
第四监察区	广东、广西
第五监察区	河北、河南、山东
第六监察区	山西、陕西
第七监察区	辽宁、吉林、黑龙江
第八监察区	云南、贵州
第九监察区	四川
第十监察区	热河、察哈尔、绥远

第十一监察区　　　甘肃、宁夏、青海

第十二监察区　　　新疆

第十三监察区　　　西康、西藏

第十四监察区　　　蒙古

其余各特别区市均附属各省。

第二目　监察

监察使的监察事务，有如下列各件：

（1）质问或弹劾 质问向本人行之；弹劾提交一定的上级机关。

（2）接受控告 监察使可以接受人民举发公务员违法失职之控告；但不得批答。

（3）急速救济 监察使对于公务员违法失职认为情节重大时，可以径向他的长官请求制止。

（4）报告 监察使应将监察情形按时报告监察院，并注意下面各事：

（一）关于该管区内各公署及公立机关的设施事项。

（二）关于该管区内各公务员的行动事项。

（三）关于该管区内人民疾苦及冤抑事项。

第三款　弹劾的提出

监察院的弹劾事件，有因人民呈诉和监委提出两种。现在分说如下：

（1）人民呈诉官吏，所要经过的程序：

（一）殷实铺保两家；

（二）详陈事实；

（三）院长核实之后，指定监委三人审查；

（四）实地调查证据。

（2）监察委员自行提起之弹劾事件，所要经过的程序有：

（一）列举证据，或三人连署；

（二）院长核阅之后，指定另行监委三人审查；

（三）实地调查事实。

但这里有须注意的两点：（1）监委有独立的弹劾权，每一委员均可提出。（2）人民有向之呈诉权。虽系官吏违法事件，亦可径向监察院提诉，不必经过法庭。

第四款　秘密与保障

监察院的设立所以打倒贪污肃清吏治，对于便利行使这个职务的事件，当然要极力推行。但这也可分做两个方面：

（1）秘密的原则

人民呈诉官吏，倘非绝对保守秘密，便难免受他借端报复。所以监察院接到呈诉之后，不论被诉那边罪名是否成立，都不明白批示出来。如果真的受理了，那便是监察委员向被诉人负责，呈诉人又向监察委员负责。呈诉和被诉两方，并不发生直接关系。

（2）保障的原则

监察委员提起弹劾事件，虽无须秘密，然而他们是有法律保障的：

（甲）监察委员除现行犯外，非经监察院许可不得逮捕。

（乙）监察委员除（一）开除党籍，（二）受刑事或惩戒处分，（三）受禁治产宣告外，非经本人同意不得免职停职转任或罚俸。

（丙）弹劾事件虽经惩戒委员会认为不应处分，也可不负责任。

不过监委提出弹劾事件，被监察院查驳之后，监委倘仍不服再行提出，那时监察院交付惩戒，受了惩委会不应处分的消极反对，这个玷辱的责任便不能不由原监委负担。这是一个例外。

第五款　事实的调查

调查确实是监察的一个原则。所以监察院有提证向各机关调阅各种案卷，及调查证据之权。有时因为便利起见，亦得派遣专员或委托其他机关代行调查。

第六款　监察院与其他机关的关系

第一目　监察与惩戒委员会的关系

监察院不自执行惩戒，他所决定的弹劾国民政务官事件，要交国民政府执行，弹劾事务官事件要交公务员惩戒委员会执行。惩戒委员会有中央地方两种：中央公务员惩戒委员会管辖中央官吏；地方公务员惩戒委员会管辖地方官吏。他们于接受交付之后，便要开会讨论被诉人应否处分或处分的等级，交给被诉的主管长官立即执行。他的处分等级是：（一）撤职，（二）降级，（三）减俸，（四）记过，（五）申诫。

若是情节过重，不在前列的处分范围，如贿赂行为之类，那便由会送交法院办理。

第二目　监察与审计院的关系

监察的职权，原有弹劾和审计两种：弹劾部分前面已经说过。审计部分，则因审计院，在监察院未曾出生以前早经设立，而且他们对于国家的收支也够行使职权。所以监察院仍把审计部分归他继续办理。不过改院为部，并入监察院里面，受他管辖罢了。

第三目　监察院与中央党部监察委员会的关系

监察院是国民政府的机关，监察委员会是中国国民党的机关，在原则上原不相涉。但在以党治国的时期，党的主义即为全国政治之所依归；所以党的监察，同时即为全国监察的最高机关。一方面可以监察党员的背誓违法或不名誉的行为，一方面又可以监察最高官吏的行动。监察院所决定的应付惩戒事件，倘其被弹劾的是国民政府委员，便要将弹劾案连同证据物件移送中央监察委员会请求惩戒。

第七款　监察怠工的救济

民国是把人民做主体，最高的监察权当然要归国民大会行使。但在宪政未成训政未了的时候，国民的一切政权都由中国国民党代表。那么，最高的监察权力又以暂属国民党中央监察委员会为最适当，这在前面已经说过。在本款所要说的，便是监察院还要受中央监察委员会的监察，不能任意怠工。

另一方面，公务员有应受弹劾的显著事实，或经过人民举发，监察院故意延玩不行弹劾，这便是监察院的不尽职了，在这个场合，立法院对他也有提出质问之权。——这个曾经中央政治会议决定监察院承认。

第八款　惩戒权移归监察的主张

在现制底下，官吏惩戒的权力，全属国民政府和他的管辖机关，监察院在弹劾时候，便有种种不便：

（1）公文往返多费周折；

（2）多予贪官污吏以活动的机会；

（3）弹劾官吏不能执行惩戒，有损他们的威信和精神。

所以监察院在训政时期约法公布以后，便想趁着国民政府组织法将要跟着约法修改的时候，把移归惩戒权提出会议，使坐而言的也可以起而行了。

第三节 监察院的政绩

监察院是在“铲除贪官污吏使国家登于清明之域”。故其委员也要本刚强不屈的精神，正直无私的气度，廉洁可风的操守，明察秋毫的识力，为人民喉舌，实行监督行政与监督官吏。

溯自二十年二月二十三日成立监察院之日起，至四月十五日止，共只五十余天，据他们报告收到控告官吏事件便有四百余起，除三百余起因未有实据分发主管机关查报外，已经查实即拟提出惩戒的有八十余件，把这事实推论起来可以知道：

（1）人民对于监察院的信任与欢迎；

（2）监察委员受任之始工作甚为兴奋；

（3）政治未上轨道官吏的污劣太多。

但到现在情形便有些不同了，这并不是第三款的原因已经消灭，实是第一第二方面的热度退衰了许多，他们的原因我们且把监察事件发表在《中央周报》的具体列成一表，借悉梗概。

被劾姓名	职务	事由摘要	提出年月	提出监委	结果	备考
吴国义	四川綦县长	违法滥罚	二十年四月十五日	高友唐	撤职查办	

被劾姓名	职务	事由摘要	提出年月	提出监委	结果	备考
胡剑锋	灌云县长	违法吞罚	同	刘莪青	同	县民张志等呈诉
徐仲白	立法院秘书	贪赃枉法侵吞国税	二十年五月		停职惩戒	
陈调元	皖省主席	加征盐米捐及土税并勒种烟苗发售牌照			国府电令克日查复	
庄智焕	交通部电政司长	办理国际电信水线更订合同丧权辱国	二十年六月	田炯锦 高一涵 刘莪青		工会提诉国府移交
曹伯权	浙江镇海县长	土劣聚敛，法官渎职，县长因循	二十年六月二十日	邵鸿基	停职惩戒	县民丁赛华呈诉
王云龙	安徽阜阳县长	废弛烟禁，破坏司法，擅杀多命，勒罚巨款，纵容反动		邵鸿基 高友唐 田炯锦	同	县民陈梦五呈诉
叶钱	福建南平县长	枉法贪赃，妨害自由		邵鸿基	移付惩戒	捎排工会呈诉
韦隽明	浙江仙居县长	违法擅杀，捏诬蒙报		郑螺生	停职惩戒	县民王杜氏呈诉
李慕青	湖南统税处长	废弛烟禁，提倡贩运吃食	二十年七月			

被劾姓名	职务	事由摘要	提出年月	提出监委	结果	备考
严尔艾	甘肃视察员	遮蔽马廷贤屠杀事情，反称军纪严明				
林子峰	宜昌关监督	擅收船捐，经财政部令撤不遵				关于裁厘事件，监察院曾遣专员调查是否实行有无变相捐税
张凤乔	安徽来安县长	纵匪虐民并公然行贿本院调查员		高友唐等		
张学良	东北边防司令长官	失地辱国	二十一年一月初提，八月再提	罗介夫田炯锦邵鸿基等		因无惩戒机关延搁
熊式辉	江西省主席	违法征收产销税，任意变更地方制度	二十一年八月一日	周利生	撤销产税，废除区长官	
水灾救济会皖北赈务处		营私舞弊，延误赈务，变价短秤化粉各种	二十一年八月十六日	周利生高一涵	彻底清查	
郑毓秀	上海地方审判厅长	贪婪不法，狼狈为奸	二十二年一月	高友唐		上海人民张志平等呈诉

被劾姓名	职务	事由摘要	提出年月	提出监委	结果	备考
杨肇焆	上海特区法院长	同上	同	同		案此与前条并案提出
张学良	华北军事委员会分会委员长	统帅无方，失地丧师	二十二年三月七日	刘莪青周利生刘三等六委		案张氏前被劾为榆关事，此次为热河事，计提出者有刘莪青六委一起，高友唐三委一起
汤玉麟	热河主席	弃职潜逃	同	同		案此与前案并提，但另有邵鸿基单劾汤氏一起
魏道明	南京市长	筹办自来水受贿舞弊，伪造收据，违法渎职	二十二年三月十六日	邵鸿基		并案连及者有前历任厅长齐叙、王人麟、程远帆
赵启騄	江苏民政厅长	违法失职		刘三	由院移付惩戒	
顾祝同	江苏省主席	祖庇赵启騄违法乱纪，蔑视官常，以省府多人请免騄戒	二十二年九月	曾道		

据上表所列，里头被弹劾撤职的以县长为最多；一及疆吏大员，便多是没有结果了。虽然于院长曾说：“官职虽有大小，而对于人民国家却各有各的责任。监察院弹劾违法失职官吏，官职大小意义是一样的。”但是我们要肃清吏治，于“大法小廉”“惩一戒百”方面，也是不可不注意的。

【第十六章】

谏议大夫

总理在《民权主义六讲》里曾说："满清的御史，唐朝的谏议大夫，是很好的监察制度。"在《五权宪法》里也说："说到弹劾权，在中国君主时代，有专管弹劾的官。像唐的谏议大夫和清朝御史之类。"处处都把谏议和御史并提，所以在上面说完御史之后，又得把谏议的历史稍为说一说。

第一节 谏议大夫的沿革

谏议原是秦官，那时单叫谏大夫，专备"匡正君主，谏诤得失"之用。多至数十人，少或数人，都没一定。汉兴罢废，武帝元狩五年复置。一时充任是职的，有刘辅、王褒、贡禹、王吉、匡衡、何武、夏侯胜、严助诸人，颇称盛况。后汉增名谏议大夫，但在人选方面已不及前代了。这个韦彪疏里，曾经说过：

> 谏议之职，应用公直之士，通才謇正有补益于时者。今或从征试辈任之，不宜也。

因是谏诤不甚得力，大夫一职也不必为人所重视了。晋魏六朝时候，便没有这个官员。但三国的蜀还是沿用汉制，曾以费诗、杜微、周群、尹默等充任谏议大夫。魏虽有谏议大夫的空名，但皆是加衔，没有实职。《魏志》“毛玠在职（中尉）数月，疾笃乞退，拜谏议大夫”是也。那时掌任侍从规谏的实职的，转是散骑常侍。北朝后魏仿古立制，复有谏议大夫。北齐定额为七人。北周改设“保氏下大夫谏天子”。入隋又名谏议大夫。炀帝以后，又没有了。唐武德初复，自是历宋辽金皆有是职。元朝不设，明初一设即废。

第二节　唐宋谏议的成绩

第一款　唐

唐初谏议，最为得人。如魏徵、王珪、褚遂良等都是以直谏见称的。高宗龙朔时候，改名正谏大夫。武后临朝，设立延恩、招谏、申冤、通元四匦，即令正谏大夫主匦。同时复设补阙、拾遗二官为副，日间听人投书受言，日暮汇呈御览。玄宗开元以后，仍名正谏为谏议大夫，定额四人。德宗建中以后，更以谏议大夫为知匦使。“言路大开，谏诤有职”，这是唐政得力的地方。

而且当时谏议的职权，还有两个特点：便是宰相入内平章大计，谏官可以随入与闻（见太宗诏）。而谏官论陈政事，却不必先知宰相（见肃宗诏）。他的受人倚重有这样。

但在天授时候，因为武后用人太滥，致有车载斗量之谚。其实那些还是经过四方存抚使荐举，朝廷考试的。谚云：

补阙连车载，拾遗用斗量，杷推侍御史，碗脱校书郎。

开元以后，补阙、拾遗渐入清选。另置内供奉一人，代替他的供奉琐务。

案武后所试举人，无分贤愚，高者授给舍，次授御史、补阙、拾遗、校书，故有是谚。杷推言授官之泛如用杷推转，碗脱言如碗脱模。

第二款　宋

宋时有左右谏议大夫、左右司谏（即补阙更名）、左右正言（即拾遗更名）等官。左属门下，右属中书。尤其门下所属，是规谏讽诵的专官。大事廷奏，小事上书，这是一个通例。但因矫正五代杂滥之弊，须经别敕召用才是谏官，又名知院官。其由他官带衔兼领的，只叫知谏院——这是仁宗明道初年在门下省设的，即以左司谏为谏垣长官——但当时很有尸位备员的毛病。《通鉴》里说，“谏议无言责，司谏、正言非特诏供职亦不任谏诤”，为的便是这个。元丰改定官制以后，才极力振顿一番。南宋孝宗仿用唐制，仍复司谏、正言为补遗。

但宋时也有两个特点足够注意的。

（1）执政的亲戚不除谏官（元祐八年诏）；

（2）谏官不得用现任辅臣所荐的人（庆历初年诏）。

这个是一种值得仿效的良法。然亦可窥见当时的谏官，实已浸淫监劾之责了；不然为甚么要禁制呢？

第三节　台谏的分合问题

故事御史台掌纠官邪，谏官掌规谏讽谕，原是各有分司不相侵犯的。而《宋史》规定谏官的责任，却说："凡朝政阙失，大臣百官任非其人，三省百司事有失当，皆得谏正。"谏臣要实行这个职务，当然不能不涉及弹劾范围了。而在政制上，台谏的禁制国初却定得很严，既不许他俩相见，又不许他俩往来。事不相谋，所以常有台谏论争冲突之事。南渡以后，台谏合住一府，"居同门出同幕"，禁制方面早已不生问题，事权的混乱更不消说了。孝宗淳熙时候，兵部林粟言："谏诤之官，居其位者往往分行御史之职，至于箴规阙失寂无闻焉。请依唐制专掌谏诤，不许纠弹。"接着左补阙薛叔序上疏纠弹王淮。孝宗也对他说："卿等官以补阙为名，专主规谏人主，不任纠弹。此奏乃类弹击，甚非设官命名之意。"自是以后，谏官的本来面目，才稍呈露出来。

【第十七章】

司隶校尉

中国古代掌任纠察的更有司隶校尉一官，不过他的管辖范围只在畿内而已。他的性质和现在的巡警有点相同。为他和御史的监察常有关系，所以也在这里带说几句。

第一节　司隶的沿革

司隶二字始见于《周官》，至武帝政和四年才设，定名司隶校尉，掌捕巫蛊督奸猾等事，原是个持节武臣。元帝初年诸葛丰为校尉，始罢持节。哀帝绥和二年改名司隶，掌察太子以下行马内事。出行专道，坐朝专席，和御史夹行马而治。

后汉复名司隶校尉，统畿辅、河南等七郡。朝廷百官除三公以外，没有不受纠察的。官属有从事十二人，都官从事史一人，尤其都官最为厉害，百官犯法，全由他一人举劾。

魏的司隶和汉相同，他的纠劾权力也不下于中丞。明帝时候，杜恕疏里说“司隶校尉、御史大夫不能举纲维以督奸宄”，可见他是和御史比并了。《魏志》又说：钟会为司隶虽在外司，时政损益，当世与夺，无不毕综。又说：徐邈为司隶校尉，百僚敬惮。这都是司隶纲纪百僚的注脚。

晋亦因汉没有变更，但“不纠三公”和“行马界限的打破”（详前章）在历史上是很值记载的。东晋渡江以后，以扬州刺史代行司隶校尉职权，由是南朝便没有司隶了。

北朝后周有司隶下大夫，掌五隶盗贼囚执，这是模仿《周官》设的，和监察不大相关。隋炀帝置司隶台，以薛道衡为司隶大夫，分按东都和京师，权责颇重。后因裴蕴为御史，想专制京都，授意虞世基奏罢司隶。由是司隶校尉便成了历史的名词。

唐开元初置两京观察使，旋改采访处置使，后又改做观察处置使（详前），掌察所部善恶，其实也是司隶的职权。辽时有五京警巡使。金元有警巡院。明有巡视五城御史，掌察藩臣府县，大事奏裁，小事立断，尤与司隶的实质相同；但那古旧的官名，已没有人采用了。

第二节　纠察事例

汉元帝时诸葛丰为司隶，纠察无所回避，因是京师有“闻何阔逢诸葛之谣”。哀帝时候，鲍宣为司隶，摧辱丞相孔光下狱，至有太学生千余人趋朝救援。他如王骏奏免匡衡；盖宽饶不避权贵；阳球杖磔王甫；李膺狱杀张朔；这都是司隶风格的一斑。晋时刘毅为司隶，奏免尚书刘实、太尉何曾，其余司令以下与犯案相连的，至于自行投绥去职。时人以为可以继武诸葛、宽饶。这个就在御史里头，也是不可多得的。

至于鲍宣、鲍永、鲍昱世为司隶，皆能肃隶风霜，使贵游敛手以避。京师谚云：“鲍氏骢，三入司隶再入公，马虽疲，行步工。”那更是一篇佳话了。

【第十八章】

封驳诏书

以上所说都是事后的监察。中国古代还有一种事前预防的方法：凡臣下条奏君主诏敕有不妥当的，都可以由门下省驳斥或封还，这个便叫“封驳”。详说起来有：

第一节　唐的涂归

封驳之制，始于唐时。那时分立尚书、中书、门下三省。即以三省长官充任宰相。尚书叫“令”，叫“仆射”；中书叫“令”，叫“侍郎”；门下叫“侍中”，叫“侍郎”，叫“给事中”。照例“中书取旨（亦名中书造命），门下复奏，尚书施行”。三省之官，“相互匡正，归于无失”，这是唐制的长处。

他的令文是：

门下侍中掌审署奏钞，驳正违失；

侍郎掌署奏钞，驳正违失；

给事中掌读署奏钞，驳正违失。

三职虽稍微不同，但他们专主封驳总是一样。《通典》说：

百司奏钞，侍中既审则驳正违失，诏敕则涂窜而奏还之。

这便是所谓“涂归”了。而这涂归之职，实际上全归在给事中手里。只看德宗贞元中，给事中袁高不肯草制复制卢杞，封还词头，揭杞罪状。

文宗开成初，给事中卢载封还以郭承嘏出任刺史诏书，谓其在省封驳称职，便可知道了。而且这样的事例，史里还多。

第二节　宋给舍的封驳特权

宋制门下省置给事中四人，“掌读中外出纳，……若政令有失当，除授非其人，则论奏而驳正之；凡章奏录目以进，考其稽违而纠治之”，一封一驳，和唐完全相同。不过唐给事中专主涂归，只是事实的推演；宋给事中专主封驳，却有法令的明文了。但这里面也有个原因：原来宋时元丰事例，以三省秩高费大，废掉长官不设，只设尚书左右仆射。又以右仆射兼中书侍郎，代行中书令职务；左仆射兼门下侍郎，代行侍中职务。实际上三省已经混合，中书取旨事件，事前未经知道的，也只剩下给事中数人。

考《宋史》所载：太宗淳化四年，诏给事“制敕不便准照故事封驳”，可见封驳之例，至少在太宗时候已有些时不能实行了。淳化九年，诏停给事中以封驳司归入银台（宋银台司掌受天下奏状），那便是根本推翻这个制度。神宗元丰官制行后，给事中虽照唐旧，仍司“读署”之权，但那时中书急速文字，往往不送门下便付施行，因是给事中封驳之权，有时也成为例外。

南宋以后，三省大小事件，都是中书“书黄”（元丰五年诏给事中许书画黄，不书草，著为令），宰执“画押”，当制舍人“书行”，门下给事中“书读”。倘是舍人和给事中，发现有不便所在，便可以封还稿件——黄麻——具奏，这叫做“封黄”。但这都是就中书取旨事件说的。倘由枢密院取旨件，那便可以“书黄”径送门下，不送中书，叫做“密白”。“密白”事件的封还，自然非舍人所管得到了。南宋以后，宰执多兼枢密。孝宗三年便除“密白”之例，凡有诏旨，令枢密院并关两省，由是才复三省并峙的旧规。

第三节 辽金元明摄述

辽置门下省给事中。金给事中为内侍寄禄之官，另置审官院掌奏驳除受失当。元时不设省院，给事中只掌纪录如古左右史之职，不主封驳。明设六科给事中，专掌侍从稽察六部百司之事。凡制敕宣行有失，封还执奏；章疏违误参署付部驳正，这正是唐宋封驳的旧制。满清科道虽然合并，但还享有封驳特权。

中国监察史略终